Johann Lafer kocht
# Leibgerichte

Sonderausgabe der Naumann & Göbel Verlagsgesellschaft mbH
in der VEMAG Verlags- und Medien Aktiengesellschaft, Köln
Alle Rechte bei Gruner + Jahr AG & Co., Hamburg
Text: Eckard Krüger
Redaktion: Roswitha Schneider
Art Director: Christian Talla
Layout: Anna Diem
Rezepte: Johann Lafer; Studioküche: Walter Churmann
»e&t«-Versuchsküche: Clarence Brown
Food-Fotos: Richard Stradtmann; Arrangements: Günther Meierdierks
Sonstige Fotos: action press (Hilgemann, Meyer, Schicke), dpa (AFP, Bachmann, Baum, Breloer, Dedert, Düren,
Elsner, Hesse, Lenz, Mächler, Multhaup, Nietfeld, Pilick, Volke, Wöstmann),
Faber & Partner, Frencken, Jauch und Scheikowski, pwe Kinoarchiv Hamburg, ZDF
Schlußredaktion: Karola Schulte
Gesamtherstellung: Naumann und Göbel Verlagsgesellschaft mbH, Köln
Alle Rechte vorbehalten
ISBN 3-625-10975-1

**essen & trinken**

# Johann Lafer kocht
# Leibgerichte

## *Genießen auf gut deutsch*

NAUMANN & GÖBEL

# Inhalt

| | |
|---|---|
| **Einführung** | 6–9 |
| *Bernhard Paul:* Wiener Schnitzel à la Zirkuschef | 10–17 |
| *Rainer Hunold:* Fischvergnügen – wie damals an der Ostsee | 18–21 |
| *Kristin Otto:* Süßes aus dem Sachsenland | 22–25 |
| *Johannes Gross:* Rinderroulade – rund und gut wie einst bei Muttern | 26–29 |
| *Klaus Doldinger:* Scampi nach Art des Saxophonisten | 30–33 |
| *Günter Lamprecht:* Stallhase geschmort und dazu Rotkohl | 34–37 |
| *Ernst A. Grandits:* Wenn Lafer für den Landsmann kocht | 38–41 |
| *Hannelore Hoger:* Hühnersuppe schlicht und einfach | 42–45 |
| *Manfred Eichel:* Bratkartoffeln und Kultur | 46–49 |
| *Ulrich Kienzle:* Dessert mit französischer Note | 50–53 |
| *Heiner Geißler:* Wenn der Politiker den Braten riecht | 54–57 |
| *Hans Liberg:* Erbsensuppe mit Musik | 58–61 |
| *Hardy Rodenstock:* Kalbsbäckchen – mit viel Wein geschmort | 62–65 |

**Dieter Kürten:**
Sauerkraut und sportliches Know–how  66–69

**Anita Kupsch:**
Königsberger Klopse aus Berlin  70–73

**Petra Gerster:**
Pasta, Pilze und Politisches  74–77

**Winfried Glatzeder:**
Auflauf schlicht, Auflauf fein  78–81

**Walter Kempowski:**
Der Koch, der Dichter, seine Frau und die Frikadelle  82–85

**Michael Steinbrecher:**
Käsekuchen: Was aus Kindertagen übrigbleibt  86–89

**Judy Winter:**
Nicht Schwein, Pute soll's sein  90–93

**Bodo Hauser:**
Im Wendekreis des Wildschweins  94–97

**Renate Schmidt:**
Spargelsalat von der Spitzenfrau  98–101

**Richard Rogler:**
Kabarett und Küchenphilosophie  102–105

**Katerina Jakob:**
Knoblauch, Käse, bloß kein Kochbuch!  106–109

**Christian Wolff:**
Wildbret für den Fernseh-Förster  110–113

**Erich Hallhuber:**
Kalbsnierchen und Kästner-Lyrik  114–117

**Dr. Günter Gerhardt:**
Herr Doktor und die Fischphobie  118–121

**Gunda Niemann:**
Thüringer Athletenkost  122–125

**Karin Kienzer:**
Lammrücken für die Affenmutter  126–129

**Walter Plathe:**
Wirsing in zwei Versionen  130–133

### Sonderteil
Exklusiv vom Sternekoch:
Spitzenrezepte von der Stromburg  134–155

Rezept-Register  156–160

**LEBEN IM STUDIO**
*Zweimal drei Wochen lang war das TV-Studio in Guldental „zweite Heimat" für die fast 30 Beteiligten (oben). Johann Lafer zur Abwechslung mal nicht am Herd (rechts). Essen vor, Essen hinter der Kamera – zwischendurch wurde das Studio zur Kantine*

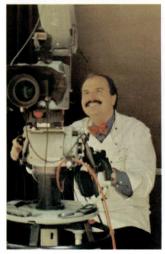

**GUTE LAUNE**
*Der Meister in der Mitte, eingerahmt von Schauspieler Günter Lamprecht und Redakteur Eckard Krüger (ganz oben). Fröhliche Gesichter am Ende des Tages: Lafer mit seiner „rechten Hand" Walter Churmann, Assistentin Stephanie Boudin und »e&t«-Koch Clarence Brown*

**OPTIK IST WICHTIG**
*Maskenbildnerin Jutta Magdorf sorgte mit Cremes und Puder dafür, daß sich die Gäste vor der Kamera optimal in Szene setzen konnten. Hier präpariert sie den Schauspieler Winfried Glatzeder für seinen Auftritt*

# Grund zur *Freude*

Zum fünften Mal in Folge haben Johann Lafer, 3sat und »essen & trinken« gemeinsam kompetentes, lebendiges Küchen-Fernsehen realisiert. Das Ergebnis dieser erfolgreichen Zusammenarbeit: 30 neue Folgen mit Rezepten und Tips aus der Praxis des Zwei-Sterne-Kochs, diesmal rund um prominente Gästen aus Politik, Sport, Kultur und Medien und deren kulinarische Vorlieben. All das finden Sie in diesem Buch wieder. Viel Spaß beim Lesen, Kochen und Ausprobieren!

**ENTSPANNTE MOMENTE**
*Trotz intensiver Arbeit am Set kamen auch Gespräche und Humor nicht zu kurz: Katerina Jakob läßt sich ein Rezept erklären, Erich Hallhuber inspiziert den Konferenzraum. Hans Liberg hat Hunger, Ernst Grandits sitzt Probe. Für Bernhard Paul macht Lafer den Clown, während Hannelore Hoger die Magie der Pfeffermühle beschwört*

## Das Konzept der Sendung

**LAFER ALS VERWANDLER**
*Aus Anita Kupschs Leibgericht Königsberger Klopse machte der kreative Koch „Zweierlei Buletten mit Gurkenspaghetti und Kumquatkompott"(unten)*

**KONZENTRATION**
*Jeder Schnitt muß sitzen, wenn die perfekt gelungene Torte so präsentiert werden soll, daß sie auch für die Zuschauer vor dem Bildschirm appetitlich aussieht (oben). Clarence Brown aus der »e&t«-Küche hielt fest, was und wie Lafer kochte, und brachte später die Rezepte durch Nachkochen in eine auch für Laien verständliche Form*

Seit Jahren ist Johann Lafers Stromburg mit den Restaurants „Le Val d'Or" und „Turmstube" beliebte Anlaufstelle für kulinarisch Interessierte. Auch diverse Prominente sind gern zu Gast in dem Refugium am Rande des Hunsrücks, viele davon mittlerweile dem Patron freundschaftlich verbunden. Was lag also näher, als diese Freunde des Hauses und andere prominente und genußfreudige Zeitgenossen nach ihren Leibgerichten zu befragen, die Johann ihnen dann serviert.

Anschließend zieht der Sterne-Koch alle kulinarischen Register und entwickelt aus dem Potential seiner Kreativität (und dem der »essen & trinken«-Redaktion) genußbringende neue Varianten. Oder er läßt sich von dem einen oder anderen Grundrezept zu etwas völlig Neuem animieren. So dient ihm zum Beispiel Dieter Kürtens Favorit Szegediner Gulasch als Vorlage für eine Sauerkraut-Pizza, aus Christian Wolffs klassischem Rehrücken macht er Rehrouladen mit Rotkrautknödeln und Richard Roglers Lieblingsdessert Bayerische Creme inspiriert den Maestro zu Lebkuchen-Punsch-Creme mit Bratapfelsauce. Das Ergebnis ist ein kulinarisches „Vorher – Nachher": die Leibgerichte à la Lafer. Dazu gibt es viele Tips vom Profi, wie man in der Küche mit einfachen Mitteln Bekanntes variieren und Vertrautes besser machen kann.

# Wiener Schnitzel à la Zirkuschef Bernhard Paul

**WIENER SCHNITZEL**
*Klassisch, mit Zitrone, Kapern, Sardellen, Petersilie – so liebt es der Roncalli-Direktor*

## Wiener Schnitzel

Für 4 Portionen:
4 Kalbsschnitzel (à 120 g, aus der Keule geschnitten)
1 El Öl, Salz, Pfeffer
2 Eier (Kl. M)
2 El geschlagene Sahne
50 g Mehl
150 g Semmelbrösel
100 g Butterschmalz

**Garnitur**
4 Zitronenscheiben
4 Sardellenringe
1 El Kapern
4 Blätter glatte Petersilie

**1.** Die Schnitzel auf der Arbeitsfläche mit leicht geölter Klarsichtfolie oder einem Gefrierbeutel bedecken und mit einem Plattiereisen flachklopfen. Folie entfernen, die Schnitzel salzen und pfeffern.

**2.** Die Eier mit der geschlagenen Sahne verquirlen. Die Schnitzel mit einer Gabel zuerst in Mehl wenden, dann durch das Ei ziehen und anschließend in die Semmelbrösel drücken. Die Panade andrücken, überschüssige Brösel vorsichtig abschütteln.

**3.** Das Butterschmalz in einer großen Pfanne erhitzen, die Schnitzel darin bei nicht zu starker Hitze pro Seite 2–3 Minuten braten, zwischendurch mit dem Bratfett beschöpfen. Die Schnitzel auf Küchenpapier abtropfen lassen.

**4.** Auf jede Zitronenscheibe einen Sardellenring setzen, in die Ringe jeweils ein paar Kapern und 1 Petersilienblatt geben. Die Zitronenscheiben auf die Schnitzel setzen und servieren. Dazu passen Bratkartoffeln.

**Zubereitungszeit:** 35 Minuten
**Pro Portion** 32 g E, 31 g F, 26 g KH = 510 kcal (2136 kJ)

Als Bernhard Paul dank einer Fastenkur am Wörthersee leicht verschlankt und ganzheitlich geläutert in Lafers Restaurant sitzt, ist ihm die Kulinarik anfangs etwas fern. Doch mit dem Satz „Aber die Seele braucht auch was, hat der Doktor g'sagt" findet er pragmatisch-elegant den Dreh zu Wein und Wiener Schnitzel. „Früher, mit wenig Geld, da war das Schnitzel für mich die Trüffel und der Kaviar. Heute ist es so eine Art Kindheits- und Jugendverlängerung."

Der Roncalli-Chef bevorzugt, ach was, liebt inbrünstig die Küche seiner Heimat, die traditionellen Süßspeisen wie Marillenknödel oder Kaiserschmarren mit Zwetschgenröster. „Das sind Desserts! Dieses neumodische Mousse-Zeugs an So-und-So-Schaum, dös geht mir am Oarsch vorbei", grantelt er in seiner österreichisch-deftigen Diktion. Nicht nur zu Desserts, auch zu Köchen hat der Herr Paul dezidierte Ansichten: „Es gibt Köche, und es gibt Lebensmittelvernichter. Manchmal hat man was auf dem Teller, da ist es ein Jammer, daß ein Tier dafür hat sterben müssen."

Neben der österreichischen läßt er auch andere Küchen gelten, frequentiert mit Hingabe die Japaner in Düsseldorf oder genießt die Pasta seiner italienischen Frau. Nur einfach und authentisch muß es sein. So wie die bodenständige Kost im Restaurant „Ca'n Pedro" – oben am Hang über Palma de Mallorca, wo die Familie ein Haus besitzt – sonntags nachmittags, an langen Tischen inmitten der spanischen Großfamilien, wenn gegessen und getrunken wird, als gäbe es kein Morgen. „Sonntagsessen sind mir die liebsten, das war schon als Kind so, wenn nach der Messe und dem Besuch im Dorfkino der Braten mit Knödeln auf den Tisch kam."

> *„Früher, mit wenig Geld, da war das Schnitzel für mich die Trüffel und der Kaviar. Heute ist es eine Art Kindheits- und Jugendverlängerung."*
>
> **BERNHARD PAUL**

## Riesling-Schnitzel

Für 4 Portionen:
4 Kalbsschnitzel (à 160 g)
1 El Öl
20 g Butterschmalz
150 g Champignons
30 g Schalotten
4 cl Tresterbrand
70 ml Riesling
200 ml Schlagsahne
100 g Weintrauben
(grüne und blaue)
1/4 Bund Thymian
3 Stiele glatte Petersilie
Salz, Pfeffer
2 El geschlagene Sahne

**1.** Die Kalbsschnitzel flachklopfen (siehe Rezept Wiener Schnitzel, S.11). Das Butterschmalz in einer großen, schweren Pfanne erhitzen. Die Kalbsschnitzel darin pro Seite 1–2 Minuten anbraten und herausnehmen.

**2.** Die Champignons putzen und vierteln, die Schalotten pellen und fein würfeln. Pilze in der Pfanne anbraten, Schalottenwürfel dazugeben, mit andünsten. Mit Tresterbrand und Riesling ablöschen. Kurz aufkochen lassen, mit der Sahne auffüllen und cremig einkochen. Die Schnitzel dazugeben und in 3–4 Minuten zu Ende garen, dabei einmal wenden.

**3.** Die Weintrauben waschen, halbieren und entkernen. Thymian und Petersilie von den Stielen zupfen, fein hacken und mit den Weintrauben in die Sauce geben. Kurz aufkochen lassen, salzen und pfeffern, die geschlagene Sahne unterheben und servieren.

**Zubereitungszeit:** 40 Minuten
**Pro Portion** 37 g E, 28 g F,
9 g KH = 463 kcal (1939 kJ)

### PROFI-TIP

**Würzige Panaden für Fleisch und Fisch**
Nicht nur Schnitzel, sondern auch andere Fleischarten schmecken mit einer passenden Panade noch aromatischer und lassen sich zudem besser braten.

Schweinemedaillons bestreicht Johann Lafer nach dem Salzen und Pfeffern mit süßem Senf und drückt sie in eine Panade aus gebratenen Speck- und Schalottenwürfeln, gemahlenen Senfkörnern und geriebener Laugenbrezel.

**RIESLING-SCHNITZEL**
*Lafer griff das Schnitzelthema auf und kreierte drei aromatische Varianten – hier die mit Trauben und Weißwein*

## Überbackene Schnitzel

Für 4 Portionen:
4 Kalbsschnitzel (à 160 g)
1 El Öl
20 g Butterschmalz
20 g Kapern
20 g Sardellenfilets
50 g Schalotten
1/4 Bund glatte Petersilie
50 ml Kalbsfond
200 ml Schlagsahne
2 El geschlagene Sahne

**1.** Die Schnitzel flachklopfen (siehe Rezept Wiener Schnitzel, S.11). Das Butterschmalz in einer großen, schweren Pfanne erhitzen, die Schnitzel von beiden Seiten kurz darin anbraten und anschließend leicht überlappend in eine feuerfeste Form legen.

**2.** Die Kapern und die Sardellenfilets fein hacken, die Schalotten pellen und fein würfeln. Petersilienblätter abzupfen und hacken.

**3.** Schalottenwürfel in der Pfanne andünsten, Kapern und Sardellen dazugeben, mit dem Kalbsfond ablöschen und einmal aufkochen. Die Sahne dazugießen und kräftig einkochen lassen. Petersilie und geschlagene Sahne in die reduzierte Flüssigkeit einrühren und über die Schnitzel in der Form gießen. Im vorgeheizten Backofen auf der 2. Einschubleiste von unten 10–12 Minuten bei 220 Grad überbacken (Gas 3–4, Umluft nicht empfehlenswert).

**Zubereitungszeit: 40 Minuten**
**Pro Portion** 38 g E, 27 g F, 5 g KH = 418 kcal (1751 kJ)

### PROFI-TIP

Scheiben von am Vortag gekochtem Tafelspitz sind mehr als ein Resteessen, wenn man sie – gut abgetropft – mit scharfem Senf bestrichen und mit Weißbrotbröseln und – wer's mag – frisch geriebenem Meerrettich paniert.

**SCHNITZEL ÜBERBACKEN**
*Ganz einfach: auf dem Herd anbraten, im Ofen mit würziger Sauce fertiggaren. Bernhard Paul war angetan*

## Curryschnitzel mit Tomatenchutney

Für 4 Portionen:
**Chutney**
400 g Tomaten
30 g Schalotten
1 grüne Pfefferschote (15 g)
2 El Sesamöl
1 El brauner Zucker
30 ml Weißweinessig
1 Tl Kurkuma
1 Bund Koriandergrün (gehackt)
Salz
**Schnitzel**
4 Kalbsschnitzel (à 160 g)
1 El Öl
60 g frische Weißbrotbrösel
20 g Mandeln (geschält, fein gehackt)
25 g Korinthen (gehackt)
1/2 El Currypulver (scharf)
1/2 Bund Koriandergrün (gehackt)
20 g Pinienkerne (geröstet)
Salz, Pfeffer
60 g Mehl
2 Eier (Kl. M, verquirlt)
150 g Butterschmalz
50 ml Sesamöl

**1.** Die Tomaten über Kreuz einritzen und blanchieren. Die Haut abziehen, Kerne und Flüssigkeit entfernen, Tomatenfleisch würfeln. Die Schalotten pellen und fein würfeln. Die Pfefferschote längs halbieren, entkernen und ebenfalls fein würfeln.

**2.** Das Öl in einem Topf erhitzen, die Schalotten darin andünsten, die Pfefferschotenwürfel hinzufügen. Den Zucker hineingeben und schmelzen lassen, dann mit dem Essig ablöschen.

**3.** Die Tomatenwürfel hinzufügen, einmal aufkochen lassen. Mit Kurkuma, Koriandergrün und Salz würzen, beiseite stellen und erkalten lassen.

**4.** Die Schnitzel flachklopfen (siehe Rezept Wiener Schnitzel, S. 11). Brotbrösel, Mandeln, Korinthen, Currypulver, Koriandergrün und Pinienkerne gründlich miteinander vermengen.

**5.** Die Schnitzel salzen und pfeffern. Mit einer Gabel zuerst im Mehl wenden, dann durch das Ei ziehen und zuletzt in die Brot-Gewürz-Mischung drücken.

**6.** Das Butterschmalz und das Sesamöl in einer Pfanne erhitzen, die Schnitzel darin in 4–6 Minuten goldbraun braten, dabei einmal wenden. Mit dem Tomatenchutney servieren.

**Zubereitungszeit:** 50 Minuten
**Pro Portion** 42 g E, 48 g F, 31 g KH = 720 kcal (3018 kJ)

### PROFI-TIP

Lachssteaks mag Lafer besonders gern mit einer Panade aus gehacktem Koriandergrün, Semmelbröseln und gemahlenem Chili (den Lachs vorher mit Zitrone beträufeln, salzen und pfeffern). Wichtig: Alles Panierte bei nicht zu starker Hitze langsam braten, z. B. in Olivenöl oder Butterschmalz.

**CURRYSCHNITZEL**
*In der Panade sind Korinthen, Koriander und Pinienkerne. Dazu gibt's frisches Chutney*

# Fischvergnügen: wie damals an der Ostsee
## *Rainer Hunold*

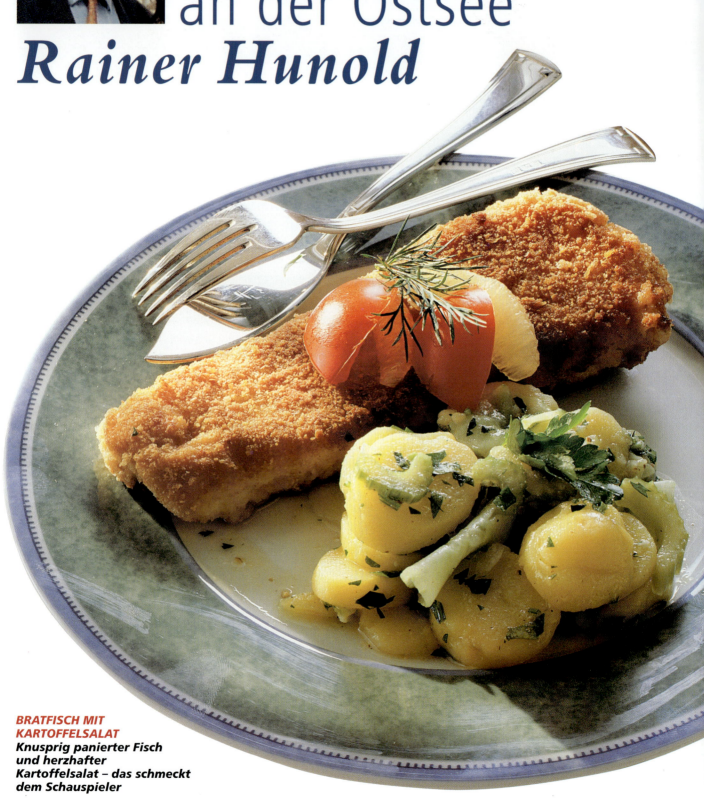

**BRATFISCH MIT KARTOFFELSALAT**
**Knusprig panierter Fisch und herzhafter Kartoffelsalat – das schmeckt dem Schauspieler**

## *Bratfisch mit Kartoffelsalat*

Für 4 Portionen:
**Kartoffelsalat**
900 g Kartoffeln (festkochend)
Salz
300 ml heißer Kalbsfond
4 El Weißweinessig
100 ml Olivenöl
150 g Staudensellerie
250 g Salatgurke (geschält)
50 g Zwiebeln
1/2 Bund glatte Petersilie
Pfeffer
**Fisch**
800 g Rotbarschfilet (küchenfertig)
Salz, Pfeffer
50 g Mehl
2 Eier (Kl. M, verquirlt)
150 g Semmelbrösel
100 g Butterschmalz

**1.** Kartoffeln waschen und als Pellkartoffeln in Salzwasser gar kochen. Noch warm pellen und in Scheiben schneiden, in einer Schüssel mit Fond, Essig und Öl übergießen und vorsichtig mischen.

**2.** Staudensellerie und Gurke in dünne Scheiben schneiden. Die Zwiebel pellen und fein würfeln. Petersilie abzupfen und fein hacken. Alles unter die Kartoffelscheiben heben, mit Pfeffer und Salz würzen und beiseite stellen.

**3.** Die Fischfilets salzen und pfeffern. Nacheinander in Mehl, Ei und Semmelbröseln wenden.

**4.** Das Butterschmalz in einer Pfanne erhitzen, die Fischfilets bei mittlerer Hitze pro Seite 3–4 Minuten darin braten. Mit dem Kartoffelsalat servieren.

**Zubereitungszeit:** 45 Minuten
**Pro Portion** 47 g E, 55 g F, 52 g KH = 889 kcal (3724 kJ)

Ebenso, wie in guten Restaurants zu tafeln – Lafers „Turmstube" ist Favorit, der Patron seit Jahren ein Freund –, genießt es Rainer Hunold, zu Hause zu kochen. Bemerkenswert daran: Der Mann, der für das Fernsehpublikum ob physischer Präsenz, norddeutsch honoriger Art und Rollen als Arzt und Anwalt das Bild des disziplinierten väterlichen Freundes verkörpert, schreckt in der Küche nicht vor Anarchie zurück. „Ich liebe das wilde Kochen", erzählt der gebürtige Braunschweiger, „Neues ausprobieren, sich von Einkäufen und Launen leiten lassen, auf einem Teller Aïoli und asiatische Gewürze kombinieren, Eklektizismus eben. Falls das Ergebnis mal nicht eßbar sein sollte, so hat man doch dazugelernt." Die Familie ist (meist) begeistert, besonders der fünfjährige Sohn Philip sitzt mit Andacht am Tisch, wenn Papa kocht.

Die unbeschwerten Seiten der eigenen Kindheit werden für Rainer Hunold beim Lieblingsessen Bratfisch lebendig: „Sorglose Sommerferien, ganze Tage am Strand, abends frischer Fisch." Doch auch bei Lafers Kür zum Thema Fisch und Kartoffeln geriet der Serien-Star ins Schwärmen.

Eine Zeitlang hatte er sich der vegetarischen Küche verschrieben. Das endete abrupt mit dem Verlangen nach einem herzhaften Stück vom Charolais-Rind. Und nach Rehrücken, seinem anderen liebsten Essen. „Ich mag keine Dogmen, ebensowenig, wie sklavisch nach Rezept zu kochen. Beim Essen möchte ich offen bleiben."

Im flüssigen Bereich jedoch gibt´s klare Präferenzen: die Roten aus dem Bordelais. Auch wenn bei Grabungen zum neuen Haus im Norden Berlins beeindruckende Bestände an Moselweinen aus den dreißiger Jahren zum Vorschein kamen.

> „Immer wenn ich Bratfisch mit Kartoffelsalat esse, denke ich an meine Kindheit: unbeschwerte Sommerferien an der Ostsee!"
> **RAINER HUNOLD**

## Räucherfisch-Maultaschen mit Wermut-Sabayon

Für 4 Portionen:

**Kartoffelteig**
400 g Kartoffeln (mehligkochend)
Salz
3 Eigelb (Kl. M)
150 g Kartoffelstärke
60 g Schalotten
25 g Butter
1 El glatte Petersilie (fein gehackt)
Muskatnuß

**Füllung**
1 geräucherte Forelle (200–250 g)
80 g Crème fraîche
8 Basilikumblätter
Salz, Chilipulver
Mehl zum Bearbeiten
1 Eigelb (Kl. M)
80 g durchwachsener Speck (in Streifen)
1 Tl Zucker
1 El Weißweinessig

**Sabayon**
50 g Zwiebeln
1 Knoblauchzehe
50 ml Rapsöl
100 ml trockener Wermut (z. B. Noilly Prat)
200 ml Weißwein
2 Zweige Thymian
Pfeffer, 5 Eigelb (Kl. M), Salz

**Außerdem**
3 Kopfsalatherzen, in Blätter zerteilt
Dill zum Garnieren

**RÄUCHERFISCH-MAULTASCHEN**
*Lafers Kür zum Thema Fisch und Kartoffeln – mit einem Sabayon auf Fischfondbasis*

**1.** Die Kartoffeln waschen und als Pellkartoffeln in Salzwasser gar kochen, dann abgießen und im heißem Backofen bei 180 Grad (Gas 2–3, Umluft nicht empfehlenswert) ausdämpfen lassen. Dann pellen und durch die Kartoffelpresse drücken. Die Masse etwas abkühlen lassen. Erst das Eigelb mit einem Kochlöffel unterarbeiten, dann nach und nach die Kartoffelstärke, bis eine homogene Masse entsteht.

**2.** Schalotten pellen und fein würfeln, die Butter in einer Pfanne erhitzen. Die Schalotten darin goldgelb andünsten. Petersilie von den Stielen zupfen und fein hacken. Schalotten und Petersilie unter die Kartoffelmasse rühren, mit Salz und Muskat würzen.

**3.** Für die Füllung die Forelle sorgfältig filetieren, Haut, Kopf und Gräten für das Sabayon aufbewahren. Die Fischfilets und Crème fraîche mit einer Gabel grob zerdrücken und miteinander vermengen. Basilikum in feine Streifen schneiden und dazugeben. Mit Salz und etwas Chilipulver würzen.

**4.** Auf einer bemehlten Arbeitsfläche den Kartoffelteig ca. 2 mm dünn zu einem Rechteck von 40 x 20 cm ausrollen. Mit einem runden Ausstecher (8 cm Ø) längs 4 Kreise markieren, je 1 gehäufte Gabel Füllung in die Mitte geben, den Teig um die Füllung herum mit Eigelb bestreichen. Die 2. Teighälfte längsseitig darüberschlagen, 4 Maultaschen ausstechen und an den Rändern leicht festdrücken. Restlichen Teig verkneten und erneut ausrollen. Mit der restlichen Füllung zu weiteren Maultaschen verarbeiten (es sollten insgesamt 12 Stück sein).

**5.** In einem flachen Topf reichlich Wasser aufkochen und salzen. Die Maultaschen hineingeben und bei milder Hitze in ca. 10 Minuten garziehen lassen. Anschließend herausheben und warmhalten.

**6.** Für das Sabayon Zwiebel und Knoblauchzehe pellen und fein würfeln. 1 El Rapsöl in einer Sauteuse erhitzen, Zwiebel, Knoblauch und Forellenreste kurz andünsten. Mit dem Wermut ablöschen, mit dem Weißwein auffüllen, Thymianzweige und Pfeffer dazugeben und auf die Hälfte einkochen lassen. Anschließend durch ein Sieb gießen (es sollte etwa 150 ml Räucherfischfond übrigbleiben).

**7.** Über einem heißen Wasserbad mit einem Schneebesen den reduzierten Fond mit dem Eigelb schaumig aufschlagen. Unter ständigem Weiterschlagen das restliche Rapsöl in dünnem Strahl einlaufen lassen. Salzen und pfeffern.

**8.** Die Speckstreifen in einer Pfanne bei mittlerer Hitze goldbraun braten. Zucker dazugeben und schmelzen lassen, Essig unterrühren.

**9.** Die Maultaschen auf Salatblättern anrichten und mit Dill garnieren. Mit Speck und Wermut-Sabayon servieren.

**Zubereitungszeit:**
1 Stunde, 40 Minuten
**Pro Portion** 21 g E, 58 g F, 56 g KH = 869 kcal (3641 kJ)

## PROFI-TIP

### Kartoffelpüree à la Lafer

Besonders gut gelingt Kartoffelpüree, wenn man die Kartoffeln 10 Minuten kocht, dann in Alufolie gewickelt bei 180 Grad 45 Minuten im Backofen gart, großzügig schält und noch heiß in einen Topf preßt, in dem Sahne und Butter zu gleichen Teilen erhitzt wurden. Mit Salz, Pfeffer und Muskat würzen, zusätzlich etwas geschlagene Sahne unterziehen.

Zu Lammkoteletts bevorzugt Lafer ein Püree, das mit getrockneten Tomaten und schwarzen Oliven – beides zerkleinert – Olivenöl und in Streifen geschnittenen Basilikumblättern angereichert ist. Frisch geriebener Meerrettich und gehackte Petersilie im Püree passen hervorragend zu gekochtem Rindfleisch.

# Süsses aus dem Sachsenland
## *Kristin Otto*

**QUARKKEULCHEN**
*In Sachsen ein süßes Hauptgericht, hier die Dessert-Version: mit Himbeeren und Himbeerpüree*

## *Quarkkeulchen*

Für 4 Portionen:
200 g Kartoffeln (mehligkochend)
Salz
40 g Rosinen, 20 ml Rum
130 g Quark (20 %)
50 g Mehl
2 Eier (Kl. M, getrennt), 1 Eigelb
80 g Zucker
1 Tl Vanillezucker
50 g Butterschmalz
250 g frische Himbeeren
60 g Puderzucker
50 g Crème fraîche, 2 El Schlagsahne
1/2 Bund Minze

**1.** Die Kartoffeln am Vortag in Salzwasser als Pellkartoffeln kochen. Die Rosinen im Rum einlegen.

**2.** Die Kartoffeln pellen, auf einer feinen Reibe in eine Schüssel reiben. Den Quark in einem Tuch gut ausdrücken und zur Kartoffelmasse geben. Mehl darübersieben, Eigelb hinzufügen und alles gut verrühren.

**3.** Eiweiß mit 1 Prise Salz leicht aufschlagen, Zucker und Vanillezucker nach und nach einrieseln lassen. Das aufgeschlagene Eiweiß und die eingeweichten Rosinen unter die Kartoffel-Quark-Masse heben.

**4.** Butterschmalz in einer beschichteten Pfanne erhitzen. Kartoffel-Quark-Masse eßlöffelweise hineingeben und bei mittlerer Hitze insgesamt 16 Quarkkeulchen pro Seite 2–3 Minuten goldbraun backen.

**5.** 150 g Himbeeren durch ein feines Sieb streichen, 50 g Puderzucker dazusieben und glattrühren. Crème fraîche mit der Sahne ebenfalls glattrühren.

**6.** Jeweils etwas Fruchtsauce auf Portionsteller verteilen. Dann mit einem Löffel etwas Crème-fraîche-Sahne-Mischung in zwei Linien darübergeben. Mit einem Holzspießchen vorsichtig zu einem Muster ziehen (siehe Foto links). Quarkkeulchen und restliche Himbeeren dazugeben. Mit Minzeblättern garnieren und mit dem restlichem Puderzucker bestreut servieren.

**Zubereitungszeit:** 50 Minuten
**(plus Zeit für die Kartoffeln)**
**Pro Portion** 12 g E, 25 g F, 62 g KH = 539 kcal (2260 kJ)

**W**eil die in Leipzig geborene sechsfache Olympiasiegerin den Klassiker Quarkkeulchen als Leibgericht genannt hat, könnte man glauben, sie gehöre zur süßen Fraktion. Weit gefehlt. „Bei uns in Sachsen ist das ein Hauptgericht. So ziemlich das einzige Süße, was ich wirklich mag. Das war schon früher so. Während meine Schwester die Schoko-Osterhasen und -Weihnachtsmänner regelrecht verschlang, standen sie bei mir bis zum nächsten Jahr herum."

Außer an Keulchen denkt Kristin Otto auch gern an Karpfen polnisch, mit Käse Überbackenes und deftige Leberwurstbrote zurück. „Und an den Wein zum Essen, von Saale-Unstrut oder aus Ungarn, das war Teil der Tischkultur unserer Familie."

Doch ihr kulinarisches Coming-out hatte sie auf Reisen. Zum Beispiel 1983 in Rom, anläßlich der Europameisterschaften. Da tat sich der Pasta-Himmel auf, und Nudeln in nie geahnter Vielfalt und Menge passierten den Gaumen der blonden Sportlerin. „Wir haben mächtig reingehauen, nicht wie die Italiener, Pasta als Zwischengericht, sondern bergeweise." Für Kristin Otto ein eher untypischer Exzeß, denn meist ist sie eine „vorsichtige bis mäkelige" Esserin. Aber auch eine neugierige, die heute vielem etwas abgewinnen kann, das ihr früher mehr als fremd war.

Wenn sie selbst kocht, darf´s nicht zu schwierig sein, am liebsten Nudeln ohne Schnickschnack, mit Knoblauch und Olivenöl, oder mit Pesto und viel, viel Parmesan. Eines hat sich die Wahl-Mainzerin jedoch vorgenommen: „In diesem Jahr mache ich die Weihnachtsgans für die Familie – eine echte Herausforderung. Sieht immer so easy aus, aber ich habe Respekt davor. Vielleicht, weil es so ein großer Vogel ist."

*„Anders als sonst bin ich in der Küche etwas umständlich. Aber auch neugierig. Und wer neugierig ist, der lernt dazu."*

**KRISTIN OTTO**

## Beeren-Quark-Torte mit Sektgelee

Für 12–14 Stücke:
**Biskuit**
4 Eier (Kl. L, getrennt)
Salz
90 g Puderzucker (gesiebt)
2 El Rum
80 g Mehl (gesiebt)
abgeriebene Schale von
1 Zitrone
Mark von 1 Vanilleschote
40 g Pistazienkerne
(grob gehackt)
1 El Butter
1 El Löffelbiskuitbrösel
**Quarkcreme**
250 g Quark (30 %)
100 g Schmand
75 g Puderzucker
abgeriebene Schale von
1 Limette
Mark von 1 Vanilleschote
5 Blatt weiße Gelatine
250 g geschlagene Sahne
600 g Waldbeeren
(Himbeeren, Erdbeeren,
Brombeeren, frisch oder TK)
**Sektgelee**
1/2 l Sekt, 100 g Zucker
Saft von 1 Limette
Sternanis (gemahlen)
8 Blatt weiße Gelatine
50 ml Schlagsahne
20 g Mandelblättchen
**Außerdem**
Eiswürfel

**BEEREN-QUARK-TORTE MIT SEKTGELEE**
**Dezente Süße, erfrischende Fruchtigkeit und ein raffiniertes Gelee mit Limettensaft**

**1.** Für den Biskuit das Eiweiß mit 1 Prise Salz locker aufschlagen. Puderzucker nach und nach dazugeben und weiterschlagen, bis das Eiweiß cremig-fest ist.

**2.** Eigelb und Rum mit 40 g Mehl, 1 Prise Salz, Zitronenschale, Vanillemark und Pistazien glattrühren. Eischnee hinzufügen und langsam verrühren, das restliche Mehl vorsichtig unterheben. Eine Springform (24 cm Ø) nur am Boden mit Butter einpinseln und mit Löffelbiskuitbröseln bestäuben. Biskuitmasse hineingeben und glattstreichen. Im vorgeheizten Backofen bei 200 Grad (Gas 3, Umluft nicht geeignet) 10 Minuten backen.

**3.** Für die Quarkcreme in einer Schüssel den Quark mit Schmand und Puderzucker glattrühren. Abgeriebene Limettenschale und Vanillemark unterrühren.

**4.** Gelatine kalt einweichen, ausdrücken und in einem Topf bei milder Hitze auflösen. Etwas Quarkmasse hinzufügen und glattrühren. Gelatine unter die restliche Quarkmasse rühren. In eine Schüssel mit Eiswürfeln stellen, bis die Masse fest zu werden beginnt. Dann die geschlagene Sahne unterheben. Die Quarkcreme auf den gebackenen Biskuit in der Form geben, glattstreichen, fest werden lassen und mit den Beeren belegen.

**5.** Für das Sektgelee 100 ml Sekt erwärmen, den Zucker darin auflösen, den Limettensaft und 1 Prise Anis dazugeben. Gelatine kalt einweichen, ausdrücken und in der warmen Flüssigkeit auflösen. Den Topf auf ein Gefäß mit Eiswürfeln stellen, bis die Flüssigkeit erkaltet ist; dabei gelegentlich umrühren. Restlichen kalten Sekt mit einer Schöpfkelle unterrühren, Flüssigkeit über die Beeren in der Form gießen und im Kühlschrank in 3–4 Stunden (besser über Nacht) fest werden lassen.

**6.** Die Sahne steif schlagen. Die Torte aus der Form lösen, mit einer Palette am Rand mit Sahne bestreichen, die Mandeln darandrücken.

**Zubereitungszeit:**
1 1/2 Stunden (plus Kühlzeiten)
**Pro Stück (bei 14 Stücken)**
9 g E, 14 g F, 29 g KH =
306 kcal (1282 kJ)

### PROFI-TIP

**Biskuitboden in zwei Farben backen**
Biskuitmasse wie gewohnt herstellen, ein Drittel mit Kakao und Nüssen einfärben, abwechselnd aufs Blech spritzen, mit einem Holzstäbchen ein Muster hineinziehen

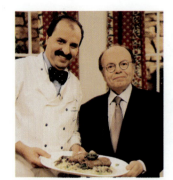

# Rinderroulade – rund und gut wie einst bei Muttern
## *Johannes Gross*

**ROULADE MIT PILZFÜLLUNG**
*Ob mit Pilzen oder mit saurer Gurke, Speck und Senf gefüllt – die Rindsroulade ist ein echter Klassiker*

## Rouladen mit Pilzfüllung

Für 4 Portionen:
1 altbackenes Brötchen, 1/8 l Milch
200 g Champignons, 150 g Zwiebeln
2 Knoblauchzehen, 50 g Butter
Salz, Pfeffer, 50 g Senf (mittelscharf)
200 g Rinderhackfleisch
1/2 Bund glatte Petersilie (fein gehackt)
1 Eigelb (Kl. M), Muskatnuß
4 Rinderrouladen (à 180–200 g), 5 El Öl
100 g Möhren (gewürfelt)
100 g Porree (gewürfelt), 1 El Tomatenmark
5 Thymianzweige, 2 Lorbeerblätter
10 Senfkörner, 5 weiße Pfefferkörner
1 l Rinderfond, 2 Tl Speisestärke
1 El Crème fraîche

**1.** Brötchen in der lauwarmen Milch einweichen. Champignons putzen, Zwiebeln und Knoblauch pellen, alles fein würfeln. 100 g Zwiebelwürfel und Knoblauch in der Butter andünsten. Champignons hinzufügen und goldgelb dünsten. Salzen und pfeffern.

**2.** Das Brötchen gut ausdrücken und mit Champignons, Senf, Hackfleisch, 2/3 der Petersilie und Eigelb vermischen. Mit Salz, Pfeffer und frisch geriebenem Muskat würzen.

**3.** Die Rouladen flachklopfen. Die Pilzfüllung gleichmäßig darauf verteilen und glattstreichen. Jeweils seitlich etwas einschlagen, von der schmalen Seite her zusammenrollen, mit Küchengarn binden. Salzen und pfeffern.

**4.** Das Öl in einem Schmortopf erhitzen, die Rouladen rundum darin anbraten. Restliche Zwiebel-, Möhren- und Porreewürfel mit dem Tomatenmark dazugeben und anrösten. Thymian, Lorbeer, Senf- und Pfefferkörner ebenfalls hinzufügen, mit dem Rinderfond auffüllen. Einmal aufkochen, im vorgeheizten Backofen bei 180 Grad 1 Stunde zugedeckt schmoren (Gas 2–3, Umluft 150 Grad).

**5.** Rouladen herausnehmen, das Küchengarn entfernen. Die Schmorflüssigkeit durch ein feines Sieb geben und auf die Hälfte einkochen lassen. Speisestärke kalt anrühren, den reduzierten Fond damit binden. Zum Servieren die Rouladen mit etwas flüssiger Crème fraîche beträufeln und mit der restlichen Petersilie bestreuen. Dazu passen Schupfnudeln.

**Zubereitungszeit:** 1 1/2 Stunden
**Pro Portion** 54 g E, 43 g F, 14 g KH = 657 kcal (2754 kJ)

Einen sprachgewaltigen Geistesriesen wie Johannes Gross, der sich als Journalist, Autor und Moderator mit seinen pointierten Kommentaren zu Politik und Zeitgeschehen nicht nur Freunde gemacht hat, der hinter dem Ernst auch stets den Scherz des Lebens im Visier hat und dessen en passant vorgetragene Formulierungen oft besser sind als mancher Leute gedruckte Werke, den läßt man tunlichst im O-Ton zu Worte kommen.

Voilà, J. G. über Lieblingsgerichte: „Lieblingsgerichte können einem Menschen auch das Leben schwermachen. Man denke an Ludwig Erhard, der einmal in einer Minute des Leichtsinns ausplauderte, daß Pichelsteiner Eintopf sein Leibgericht sei. Bis ans Ende seiner Tage wurde er daraufhin, wo immer er auftauchte, von wohlmeinenden Mitmenschen mit diesem Gericht traktiert." Über die Roulade: „Eine schöne Rinderroulade, aus der Hand der Mutter entgegengenommen, habe ich nach dem Krieg schätzen gelernt, in einer Zeit, als Gutes selten war." Über Wein und Verstand: „Bei Wein bin ich ganz auf Bordeaux gekommen. Keine wirklich preiswerte Vorliebe, aber wer an sich selber spart, beweist Unverstand." Über Spitzenköche: „In letzter Zeit neige ich dazu, die Kunstanstrengungen in der hohen Gastronomie nicht mehr ganz ernst zu nehmen. Je origineller die Köche werden wollen, desto mehr ähneln sich ihre Erzeugnisse." Über das Selberkochen: „Ich habe einen einzigen Versuch unternommen, zu Beginn meiner Ehe. Da hatte ich den Ehrgeiz, für eine Lasagne den Teig selbst herstellen zu wollen. Als meine Frau abends zurückkam, fand sie überall Mehlspuren vor, schon an der Haustür, aber keine Lasagne auf dem Teller. Diese Erfahrung hat mich die Grenzen meiner Wirksamkeit deutlich erkennen lassen."

> „Ich habe einen einzigen Versuch unternommen, selbst zu kochen. Das hat mich die Grenzen meiner Wirksamkeit deutlich erkennen lassen."
>
> **JOHANNES GROSS**

## Roastbeef-Roulade mit Morchelsauce

Für 4 Portionen:

**Sauce**
20 g getrocknete Morcheln
80 g Schalotten
1 Knoblauchzehe
50 g Butter
150 ml Schlagsahne
100 ml Kalbsfond
125 ml weißer Portwein
Salz, Pfeffer
2 El geschlagene Sahne
2 El glatte Petersilie (gehackt)

**Rouladen**
je 70 g Austernpilze Shiitake-Pilze, Champignons
20 g Butterschmalz
30 g Schalotten (gewürfelt)
1 Knoblauchzehe (gepreßt)
50 g mittelscharfer Senf
2 El glatte Petersilie (gehackt)
Salz, Pfeffer
4 Scheiben Roastbeef (à 150 g)
12 Stangen grüner Spargel (ca. 300 g)
20 g Butter

**1.** Die Morcheln 20 Minuten in 150 ml kaltem Wasser einweichen. Schalotten und Knoblauch pellen und fein würfeln.

**2.** Ein Sieb mit einem Mulltuch auslegen, die Morcheln hineinschütten, den Morchelfond auffangen. Morcheln halbieren und unter fließendem Wasser sehr gründlich waschen. Auf Küchenpapier abtropfen lassen.

**3.** 20 g Butter in einem Topf erhitzen, Schalotten- und Knoblauchwürfel darin glasig dünsten. Sahne, Kalbs- und Morchelfond hinzufügen, auf ein Drittel einkochen.

**4.** Die restliche Butter in einer Sauteuse erhitzen, die Morcheln kurz darin anbraten, die Sauce dazugießen. Den Portwein um ca. ein Drittel einkochen lassen, zur Sauce geben, salzen und pfeffern. Die Sahne dazugeben und mit dem Schneidstab aufschlagen. Petersilie unterrühren, Sauce abgedeckt warm halten.

**5.** Für die Rouladen alle Pilze putzen und fein würfeln. Butterschmalz in einer Pfanne erhitzen, die Pilze darin anbraten. Schalotten und Knoblauch dazugeben und mit anbraten. Von der Kochstelle nehmen, Senf und Petersilie unterrühren, salzen und pfeffern.

**6.** Die Roastbeefscheiben waagerecht so halbieren, daß sie an einem Ende noch zusammenhängen. Fleischstücke ausbreiten, mit einem Plattiereisen flachklopfen und mit der Pilzfarce bestreichen.

**7.** Spargel nur am unteren Drittel schälen, die holzigen Enden abschneiden. Spargel ca. 3 Minuten in kochendem Salzwasser blanchieren.

**8.** Die Roastbeefscheiben mit je 3 Spargelstangen so belegen, daß die Spitzen herausschauen. Aufrollen und mit Küchengarn binden. Butter in einem Topf erhitzen, die Rouladen rundum darin anbraten. Im vorgeheizten Backofen bei 150 Grad (Gas 1, Umluft nicht empfehlenswert) in 10–15 Minuten zu Ende garen.

**9.** Die Rouladen mit der erwärmten Morchelsauce servieren. Dazu passen Bandnudeln.

**Zubereitungszeit: 1 Stunde**
**Pro Portion** 39 g E, 41 g F, 11 g KH = 579 kcal (2429 kJ)

**ROASTBEEF-ROULADE MIT MORCHELSAUCE**
*Die feine (und schnelle) Schwester der guten alten Rindsroulade*

### PROFI-TIP

*Kurzgebratene Rouladen*
**Nicht nur Roastbeef ist ideal für schnelle Rouladen, auch Schweinefilet und Kalbsschnitzel sind gut geeignet. Zu längs in Scheiben geschnittenem und flachgeklopftem Schweinefilet paßt eine Füllung aus Blauschimmelkäse und Apfelstreifen, gewürzt mit etwas Kümmel, Salz und frischen Kräutern. Plattierte Kalbsschnitzel füllt Johann Lafer gern mit Mozzarella und Basilikum und paniert sie vor dem Braten klassisch in Mehl, Ei und Semmelbrösel. Zu Schweinefiletrouladen empfiehlt er Waldorfsalat, zu den Kalbsröllchen einen gemischten Blattsalat mit Tomaten, Olivenöl und Balsamessig.**

# Scampi nach Art des Saxophonisten Klaus Doldinger

**MANGO-SCAMPI** *mit Ingwer und Sesamöl – ein asiatisches Gericht aus dem Hause Doldinger*

30

## Scampi mit Mangospalten

Für 4 Portionen:
16 Scampi (mit Kopf und Schale, à ca. 90 g)
60 g frische Ingwerwurzel
2 Knoblauchzehen
4 El dunkles Sesamöl
Salz, Pfeffer
2 reife Mangos (à ca. 280 g)
2 Bund Frühlingszwiebeln
2 El Sojasauce
2 El trockener Sherry

**1.** Scampi aus der Schale brechen, jeweils am Rücken mit einem scharfen Messer einritzen und den Darm entfernen. Kalt abspülen und mit Küchenpapier trockentupfen.

**2.** Ingwer schälen und fein reiben. Knoblauchzehen pellen und fein würfeln. Scampi mit Ingwer, Knoblauch, 2 El Sesamöl, Salz und Pfeffer vermengen und 15 Minuten zugedeckt marinieren.

**3.** Mangos schälen, in Scheiben vom Stein und dann in ca. 1 cm breite Spalten schneiden. Frühlingszwiebeln putzen, waschen und in 8–10 cm lange Stücke schneiden.

**4.** Restliches Sesamöl in einem Wok oder einer Pfanne erhitzen, die Scampi darin 2–3 Minuten anbraten. Herausnehmen. Mangospalten und Frühlingszwiebeln hineingeben, kurz andünsten, mit Sojasauce und Sherry ablöschen. Scampi wieder hineingeben, alles durchschwenken und servieren. Dazu paßt Basmatireis.

**Zubereitungszeit:** 30 Minuten
**Pro Portion** 32 g E, 14 g F, 21 g KH = 348 kcal (1451 kJ)

So wie Klaus Doldinger im Laufe seiner fast fünfzig Jahre umspannenden Musikerkarriere geschmeidig wie kein zweiter zwischen Jazz, Rock, Pop, Filmmusik und Commercials changiert, so flexibel und vorurteilsfrei ist er auch als Esser: „In allen Küchen der Welt gibt es Interessantes zu entdecken, ob in Asien, Amerika oder Europa. Ich habe keine Anpassungsschwierigkeiten und lasse mich auch gern überraschen."

Der in Berlin geborene, in Wien und Düsseldorf aufgewachsene Vollblutmusiker ist nach eigenem Bekunden kein Feinschmecker, sondern jemand, der gerne und gut ißt. Und zwar fast alles, was ihm vor die Gabel kommt – nur zu salzig oder zu fett darf es nicht sein. Ist dies das Rezept, wie Doldinger, ein unkomplizierter, freundlicher Mann mit anstekkendem Lachen, sich seine schlanke Silhouette erhalten hat? „Es ist auch das Leben als Musiker in einer Band, das hat schon eine stark sportive Seite und erfordert Kondition. Auf Tourneen nehme ich regelmäßig ab."

Ein weiterer Faktor: Bei aller Anspruchslosigkeit in Essensdingen pflegt Klaus Doldinger doch eine kleine Liebe, nämlich zu den Küchen Asiens: „Dieses Essen ist aromatisch, es ist leicht, man hat hinterher nie solch ein Schweregefühl. Ein besonderer Vorteil, wenn man nachts nach dem Auftritt noch essen geht." Eine Vorliebe, die auch von seiner Frau Inge geteilt wird und sogar so weit geht, daß die beiden bei ihrem alljährlichen Südfrankreichurlaub nicht in französischen Gourmetlokalen, sondern am liebsten bei einem Vietnamesen in St. Tropez essen.

*„Musik hält schlank.
Mir passen heute noch Hosen,
die ich vor 30,
40 Jahren gekauft habe."*

**KLAUS DOLDINGER**

## Frühlingsgemüsebrühe

Für 4 Portionen:
80 g Petersilienwurzel
100 g Möhren
60 g Staudensellerie
100 g Porree
70 g Tomaten
2 Knoblauchzehen
(mit Schale, halbiert)
5 Schalotten
3 Zweige Rosmarin
6 Zweige Thymian
je 1/2 Bund glatte Petersilie
und Majoran
2 Lorbeerblätter
10 weiße Pfefferkörner
5 Wacholderbeeren
3 Gewürznelken
2 El Sojasauce
**Gemüseeinlage**
100 g Staudensellerie
(mit Grün)
100 g Zuckerschoten
1/2 Bund Frühlingszwiebeln
400 g Romanesco
(in Röschen)
250 g junge Möhren
(geschält)

**1.** Suppengemüse und Tomaten waschen, putzen und kleinschneiden. In einem Topf mit Knoblauch und 2 l kaltem Wasser erhitzen.

**2.** Schalotten mit Schale halbieren, Schnittflächen in einer heißen Pfanne bräunen, zum Gemüse geben. Aufkochen, Kräuter und Gewürze hinzufügen, in 1–1 1/2 Stunden langsam auf die Hälfte einkochen; gelegentlich abschäumen. Durch ein Passiertuch gießen.

**3.** Für die Gemüseeinlage Staudensellerie, Zuckerschoten und Frühlingszwiebeln putzen und in ca. 2 cm breite Stücke schneiden. Nacheinander Romanesco, Möhren, Sellerie, Zuckerschoten und Frühlingszwiebeln in die Brühe geben und darin garen. Mit Asia-Scampi und Garnelenbuletten (siehe folgende Rezepte) servieren.

**Zubereitungszeit: 30 Minuten (plus Kochzeit der Brühe)
Pro Portion** 5 g E, 1 g F, 8 g KH = 63 kcal (264 kJ)

## Asia-Scampi

Für 4 Portionen:
8 Scampi
(mit Kopf und Schale,
à ca. 90 g)
60 g frische Ingwerwurzel
4 Knoblauchzehen
4 Schalotten
2 Stangen Zitronengras
2 El Sesamöl
1 Bund Koriandergrün
Chilipulver

**1.** Scampi ausbrechen, am Rücken einschneiden, den Darm entfernen. Ingwer in dünne Scheiben schneiden. Knoblauch und Schalotten halbieren. Zitronengras in ca. 5 cm lange Stücke schneiden.

**2.** In einer schweren Pfanne das Sesamöl nicht zu stark erhitzen und die Scampi darin pro Seite ca. 3 Minuten braten. Nach dem Wenden Ingwer, Knoblauch, Schalotten und Zitronengras dazugeben und weitere 2 Minuten braten. Koriander dazugeben, mit Salz und Chili würzen. Scampi zur Gemüsebrühe servieren.

**Zubereitungszeit: 20 Minuten
Pro Portion** 8 g E, 3 g F, 2 g KH = 72 kcal (302 kJ)

## Garnelenbuletten

Für 4 Portionen:
6 Riesengarnelen (mit Kopf und Schale, à 40 g)
100 g Frühlingszwiebeln
1 Knoblauchzehe
1 El gehackter Dill
25 ml Olivenöl
Salz, Chilipulver
1 Tl Butter

**1.** Garnelen aus der Schale brechen, entdarmen und fein hacken. Frühlingszwiebeln putzen und ebenfalls fein hacken, Knoblauch pellen und fein würfeln.

**2.** Garnelenfleisch und Frühlingszwiebeln mit Knoblauch, Dill, 1 El Olivenöl vermengen. Mit Salz und Chili würzen.

**3.** Restliches Olivenöl und Butter in einer Pfanne erhitzen. Aus der Garnelenmasse kleine Kugeln formen, in die Pfanne geben, mit einem Löffel leicht flachdrücken und auf jeder Seite ca. 3 Minuten bei mittlerer Hitze braten. Zur Frühlingsgemüsebrühe servieren.

**Zubereitungszeit: 30 Minuten
Pro Portion** 9 g E, 8 g F, 3 g KH = 123 kcal (513 kJ)

---

**FRÜHLINGS-GEMÜSEBRÜHE**
*Lafers Variation des Scampi-Themas wird mit Asia-Scampi und Garnelenbuletten serviert*

---

### PROFI-TIP

**Grünkernrisotto mit Garnelen**
*Die ideale Verwertung für einen Rest Brühe, z. B. von der Frühlingsgemüsebrühe: 250 g Grünkern und 30 g gewürfelte Schalotten in 2 El Butter glasig dünsten. Nach und nach mit 300 ml heißer Brühe auffüllen und jeweils einkochen lassen, bis der Grünkern weich ist. 12 Garnelen mit Knoblauch, Rosmarin und Thymian nach Geschmack in 2 El Olivenöl braten und mit 50 g geriebenem Parmesan unter den fertigen Risotto heben.*

# Stallhase geschmort und dazu Rotkohl
## *Günter Lamprecht*

**KANINCHEN MIT ROTKOHL**
*Nicht ganz so wie bei seinem Großvater, aber Günter Lamprecht schmeckte es trotzdem gut*

34

## *Geschmortes Kaninchen*

Für 4 Portionen:
1 Kaninchen
(ca. 1,2 kg, küchenfertig, in 8 Teile zerteilt)
Salz, Pfeffer
60 g Schalotten
100 g Porree
3 El Olivenöl
4 Knoblauchzehen (mit Schale, halbiert)
1/2 Bund Thymian
3 Zweige Rosmarin
2 El Weißweinessig
400 ml Geflügelfond
200 ml weißer Portwein
400 g Tomaten
50 g kalte Butter
1 El gehackte glatte Petersilie

**1.** Kaninchenteile mit Salz und Pfeffer würzen. Schalotten pellen und in feine Streifen schneiden. Porree putzen und fein würfeln.

**2.** In einem schweren Topf das Olivenöl erhitzen, das Fleisch darin rundum goldbraun anbraten. Knoblauch, 4 Thymianzweige, Rosmarin, Schalotten und Porree dazugeben und mitbraten. Mit Essig, Fond und Portwein ablöschen, bei mittlerer Hitze ca. 40 Minuten zugedeckt schmoren.

**3.** Inzwischen die Tomaten blanchieren, abschrecken, häuten, vierteln, entkernen und das Fruchtfleisch würfeln. Restlichen Thymian abzupfen, fein hacken.

**4.** Fleisch herausnehmen und warm stellen. Schmorflüssigkeit durch ein feines Sieb gießen und um ein Drittel einkochen lassen. Vom Herd nehmen, die kalte Butter nach und nach einrühren, bis eine sämige Sauce entsteht. Mit Salz und Pfeffer würzen. Tomatenwürfel, Petersilie und restlichen Thymian unterrühren. Das Fleisch auf einer Platte anrichten und mit der Sauce überziehen.
Dazu paßt Rotkohl mit Salzkartoffeln.

**Zubereitungszeit:** 1 Stunde, 10 Minuten
**Pro Portion** 45 g E, 23 g F, 6 g KH = 435 kcal (1825 kJ)

Schon als Kind faszinierten ihn die Stallhasen des Großvaters in der Mark Brandenburg. Weniger als Kuscheltiere, sondern bevorzugt bei ihrem sonntäglichen Auftritt im Menü „Kürbissuppe, Kaninchenbraten, Birnenkompott". „Das war die Sorte Belgischer Riese, bis zu zwölf Pfund schwer, mit wunderbarem Fleisch", schwärmt Günter Lamprecht noch heute. In den harten Jahren 1946/47 dann erwiesen sich seine auf dem Lande erworbenen Kenntnisse im Umgang mit Langohren als äußerst nützlich: „Bei uns in Berlin-Neukölln hatte jeder Karnickel auf dem Balkon. Vorm Schlachten hatten sie dann Angst, also mußte ich ran. Ich hatte ja Ahnung, keine Hemmungen und außerdem Kohldampf – als Lohn gab´s Leber und Vorderläufe. Aber das Beste: Ein Züchter war Requisiteur beim Deutschen Theater, da bekam ich immer zwei Freikarten."

Das Theater packte den Kaninchen-Freund und ließ ihn nicht mehr los; aus dem jungen Orthopädiehandwerker und Amateur-Boxer wurde einer der großartigsten Schauspieler deutscher Sprache. Einer, den Extreme nicht schrecken: Für die Rolle des Franz Biberkopf in der Verfilmung von „Berlin Alexanderplatz" fraß sich Lamprecht auf Wunsch Faßbinders 20 Kilo an: „Mittags Eisbein, nachmittags Streuselkuchen, abends Hackepeter." Und hungerte sie danach wieder ab.

Wenn Lamprecht kocht, geht es bodenständig-herzhaft zu; Gänsebrust mit Steckrüben, Berliner Bollenfleisch, Lamm mit Kümmelsauce sind Etappen einer Kochkarriere, die in den fünfziger Jahren bei Engagements im Rheinischen mit Sauerbraten vom Pferd begann. An eines hat sich der begnadete Mime in seiner eigenen Küche bislang kurioserweise nicht herangetraut – Kaninchen...

*„Alle hatten sie damals Kaninchen auf dem Balkon – mich riefen sie zum Schlachten. Ich war der Kaninchen-Killer von Neukölln."*

**GÜNTER LAMPRECHT**

# Gefüllter Kaninchenrücken

Für 4 Portionen:
1 Kaninchen
(ca. 1,2 kg, küchenfertig,
mit Leber)
50 g Blattspinat
Salz
150 ml Schlagsahne
Pfeffer
30 ml Raps- oder Olivenöl
je 3 Zweige Rosmarin
und Thymian
60 g Schalotten
(mit Schale, halbiert)
1/2 Knoblauchknolle

**1.** Vom Kaninchen Kopf,
Vorderläufe, Keulen und alles
übrige abtrennen, so
daß nur der Rücken mitsamt
Bauchlappen übrigbleibt.

**2.** Den Rücken von innen mit
einem scharfen Messer vorsichtig so ausbeinen, daß er in
der Mitte zusammenbleibt.
Das Fleisch von den Vorderläufen schneiden, würfeln und
kurz ins Gefrierfach
geben. Die Keulen für das
Ragout, Knochen, Kopf u. ä.
für den Kaninchenfond
verwenden (siehe folgende
Rezepte).

***ZWEIERLEI
VOM KANINCHEN
MIT NUDELN***
***Der Rücken gefüllt,
die Keulen als
Ragout – ein raffiniertes Gericht
aus der Hand des
Sterne-Kochs***

**3.** Spinat putzen, waschen,
in Salzwasser blanchieren, in
Eiswasser abschrecken und
auf Küchenpapier abtropfen
lassen.

**4.** Für die Farce in einer Küchenmaschine die Fleischwürfel mit Salz und 20 ml Sahne
zerkleinern, nach und nach
die restliche Sahne dazugeben
und weiter pürieren, bis
eine cremige Masse entsteht.

**5.** Ausgelösten Kaninchenrücken auf der Arbeitsfläche ausbreiten, salzen, pfeffern, mit
einem Teil der Farce bestreichen. Mit den Spinatblättern
belegen, mit der restlichen
Farce bestreichen. Kaninchenleber in die Mitte legen, die
Bauchlappen darüberklappen.

**6.** Ein entsprechend großes
Stück Alufolie dünn mit Öl
bepinseln, die Kaninchenrolle
darauflegen und fest einwikkeln. Mit einer Gabel Löcher in
die Folie stechen.

**7.** Das restliche Öl in einer
ofenfesten Pfanne erhitzen,
die Rolle mit Rosmarin, Thymian, Schalotten und Knoblauch
von allen Seiten darin anbraten. Im vorgeheizten Backofen
15 Minuten bei 150 Grad
garen (Gas 1, Umluft 15–18
Minuten bei 130 Grad). Vor
dem Aufschneiden kurz ruhenlassen, dann aus der Folie
nehmen und in Scheiben
schneiden. Mit Kaninchenragout servieren (siehe
folgendes Rezept).
Dazu passen bunte Penne.

**Zubereitungszeit: 1 1/2 Stunden
Pro Portion 29 g E, 22 g F,
2 g KH = 316 kcal (1323 kJ)**

# Kaninchenragout

Für 4 Portionen:
50 g schwarze Oliven
(ohne Stein)
50 g getrocknete Tomaten
100 ml Weißwein
2 Kaninchenkeulen
(küchenfertig, à ca. 230 g,
vom Rezept
Kaninchenrücken)
70 g Butter (davon 50 g kalt)
40 g Schalotten
(gepellt, gewürfelt)
2 Knoblauchzehen
(gepellt, fein gehackt)
je 2 Zweige Rosmarin
und Thymian
350 ml Kaninchenfond
(siehe folgendes Rezept)
Salz, Pfeffer
100 ml Schlagsahne
6 Basilikumblätter

**1.** Die Oliven vierteln. Die getrockneten Tomaten fein
würfeln und in 20 ml Weißwein einweichen. Aus den
Kaninchenkeulen die Knochen
auslösen (für den Fond verwenden, siehe folgendes
Rezept), das Fleisch in ca.
2 cm große Würfel schneiden.

**2.** 20 g Butter in einem
schweren Topf schmelzen, die
Schalottenwürfel darin bei
schwacher Hitze glasig werden lassen. Das Fleisch dazugeben und kurz anbraten.
Knoblauch, Rosmarin und
Thymian hinzufügen, mit dem
restlichen Weißwein ablöschen, salzen und pfeffern.
Mit dem Kaninchenfond
auffüllen und ca. 20 Minuten
zugedeckt schmoren.

**3.** Das Fleisch herausnehmen
und warmhalten, Kräuter
entfernen. Die Sahne in die
Schmorflüssigkeit geben und
auf die Hälfte einkochen
lassen. Die Sauce mit einem
Schneidstab aufmixen, von
der Herdplatte ziehen und die

kalte Butter nach und nach
einrühren. Basilikumblätter in
feine Streifen schneiden,
mit Oliven, eingeweichten
Tomaten und Fleisch in die
Sauce geben. Mit dem
gefüllten Kaninchenrücken
servieren.

**Zubereitungszeit: 45 Minuten
Pro Portion 21 g E, 31 g F,
4 g KH = 391 kcal (1638 kJ)**

# Kaninchenfond

Für 350 ml:
500 g Kaninchenkarkassen (Knochen,
Abschnitt etc. vom Rezept
Kaninchenrücken
und -ragout)
150 g Möhren
200 g Knollensellerie
150 g Porree
2 Knoblauchzehen
1 Zwiebel (ca. 60 g)
1/2 Bund Thymian
2–3 Zweige Rosmarin
4–5 Stiele glatte Petersilie
10 Pfefferkörner
5 Wacholderbeeren
4 Lorbeerblätter, Salz

**1.** Kaninchenteile grob
hacken, Möhren und Sellerie
schälen und grob würfeln,
Porree putzen, waschen und
ebenfalls grob würfeln,
Knoblauch und Zwiebel mit
Schale halbieren. Alles in
einem Topf mit den restlichen
Zutaten und 1 1/2 l kaltem
Wasser aufsetzen, zum
Kochen bringen und ca.
1 Stunde leise kochen lassen.
Dabei ab und zu abschäumen.

**2.** Fond durch ein feines Sieb
gießen, salzen.

**Zubereitungszeit:
1 Stunde, 20 Minuten
Pro 100 ml 1 g E, 0 g F, 0 g KH =
6 kcal (25 kJ)**

# Wenn Lafer für den Landsmann kocht
## *Ernst A. Grandits*

**SCHEITERHAUFEN**
*Ein schlichtes süßes Resteessen. Der österreichische Fernsehjournalist aß es zum ersten Mal als Kind bei seiner Tante. Und mag es noch heute*

38

## Scheiterhaufen

Für 4 Portionen:
5 altbackene Brötchen
5 El Milch
500 g säuerliche Äpfel (z. B. Boskop)
120 g Butter
4 El Honig
**Eierguß**
3 Eier (Kl. L), 300 ml Milch
1 Tl abgeriebene
Orangenschale (unbehandelt)
Zimt und Zucker zum Bestreuen
50 g Rosinen

**1.** Die Brötchen in ca. 1 cm dicke Scheiben schneiden, nebeneinander auf ein Blech legen und mit der lauwarmen Milch beträufeln.

**2.** Die Äpfel entkernen und quer in ca. 1/2 cm dicke Scheiben schneiden. 80 g Butter in einer Pfanne erhitzen und die Brötchenscheiben nacheinander von beiden Seiten goldbraun ausbacken. Herausnehmen, in derselben Pfanne 30 g Butter erhitzen, die Apfelscheiben darin anbraten und mit 2 El Honig beträufeln.

**3.** Für den Eierguß die Eier mit Milch, Orangenschale und restlichem Honig gut miteinander verquirlen.

**4.** Eine runde Auflaufform (26 cm Ø) mit der restlichen Butter auspinseln und mit Zimt und Zucker bestreuen. Die Hälfte der Brötchenscheiben hineinlegen, mit den Apfelscheiben bedecken und zum Schluß wieder mit Brötchenscheiben belegen. Die Rosinen darüberstreuen, den Eierguß darübergießen und im vorgeheizten Backofen bei 200 Grad 20 Minuten goldbraun backen (Gas 3, Umluft 180 Grad). Dazu paßt Vanillesauce.

**Zubereitungszeit:** 45 Minuten
**Pro Portion** 13 g E, 34 g F,
73 g KH = 657 kcal (2751 kJ)

Als Ernst Grandits 14 Jahre alt war, stand sein Berufswunsch fest: Schiffskoch wollte er werden. Da würde man kochen können und zugleich etwas von der Welt zu sehen bekommen. Doch ein schnödes elterliches Veto durchkreuzte diese Pläne, der Sohn mußte daheim ausharren und sich weiter geistig bilden. Das, worum es ihm damals ging, hat er dann doch – allerdings auf völlig andere Art – erreicht: Seine Filmarbeiten für den ORF – Schwerpunkt Kultur und Kulturgeschichte – ließen ihn Orte und Menschen rund um den Globus kennenlernen (der eine Teil des Herzenswunsches), die Kochambitionen hat er am eigenen Herd ausgelebt und immer weiterentwickelt (der andere Teil).

Was bedeutet ihm das Kochen? „Entspannung und Genuß. Das Vergnügen, über einen Markt zu schlendern und zu schauen, gute Rohprodukte mit Sorgfalt zu veredeln, die Lust, Gastgeber zu sein – mit Wein und allem Drum und Dran." Und was kommt auf den Tisch? „Rind- und Lammfleisch, Mediterranes, Risotto in allen Variationen, Fisch eher selten, natürlich Mehlspeisen." Beim letzten Wort huscht dieses versonnene Lächeln über sein Gesicht, das den wahren Aficionado verrät.

Schon als Kind hat Ernst Grandits seiner Mutter am liebsten bei den Germknödeln geholfen, heute gehört Kaiserschmarrn zu seinem Standard-Repertoire, nicht umsonst hat er sich von seinem Landsmann Lafer etwas Süßes gewünscht. Und was bevorzugt er auf seinen Reisen? „Das, was für eine Region typisch ist, ist auch das Beste! Borschtsch in Georgien, bunte Geleetorten auf Bali, Tauernlamm in Salzburg. Bloß keine nivellierte Allerweltsküche!"

*„Alles schmeckt da am besten, wo es hingehört. Der Whiskey in Irland, der Ouzo in Griechenland und die Mehlspeisen in Österreich."*

**ERNST A. GRANDITS**

## Weißes Schokoladen-Soufflé mit Erdbeeren in Orangen-Karamel

Für 4 Portionen:
**Soufflé**
300 ml Milch
100 g weiße Kuvertüre (grob gehackt)
60 g zimmerwarme Butter
60 g Mehl (gesiebt)
5 Eier (Kl. L, getrennt)
4 cl Mandellikör (z. B. Amaretto)
60 g Mandelblättchen
90 g Zucker, Salz
Fett für die Form
1 El Puderzucker
**Orangen-Karamel**
500 g Erdbeeren
1 Vanilleschote
130 g Zucker
1/4 l Weißwein
1/8 l Orangensaft (frisch gepreßt)
1 Kardamomkapsel (gemahlen)
1/2 Sternanis
je 1 El abgeriebene Zitronen- und Orangenschale (unbehandelt)
2 Tl Speisestärke
2 cl Grenadinesirup
2 cl Orangenlikör (z. B. Grand Marnier)
1/2 Bund Minze

**WEISSES SCHOKOLADEN-SOUFFLÉ**
*Luftig und leicht, begleitet von frischen Erdbeeren in einer köstlichen Karamelsauce*

**1.** Die Milch aufkochen und die Kuvertüre darin auflösen.

**2.** Die Butter mit dem Mehl gut verkneten und nach und nach in die heiße Milch einrühren. Nachdem die Mehlbutter vollständig eingerührt ist, so lange bei mittlerer Hitze kochen, bis eine dicklich-cremige Masse entstanden ist. Die Masse in eine Küchenmaschine geben und unter ständigem Rühren nach und nach das Eigelb einarbeiten. Zum Schluß den Mandellikör unterziehen und auskühlen lassen.

**3.** Die Mandelblättchen in einer Pfanne ohne Fett goldbraun rösten und fein mahlen. Das Eiweiß mit 60 g Zucker und 1 Prise Salz cremig-fest schlagen. Zuerst ein Drittel, dann den restlichen Eischnee vorsichtig unter die erkaltete Soufflémasse heben.

**4.** Eine feuerfeste Auflaufform ausbuttern und mit dem restlichen Zucker ausstreuen. Die Soufflémasse einfüllen und im vorgeheizten Ofen bei 180 Grad 40 Minuten im Wasserbad auf der 1. Einschubleiste von unten backen (Gas 2–3, Umluft 35 Minuten bei 160 Grad).

**5.** Die Erdbeeren waschen, putzen und halbieren. Die Vanilleschote längs aufschlitzen, das Mark herauskratzen.

**6.** Den Zucker in einem Topf bei mittlerer Hitze hellbraun karamelisieren lassen, mit dem Weißwein ablöschen, den Orangensaft hinzufügen und alles ca. 5 Minuten einkochen lassen.

**7.** Vanillemark und -schote, Kardamom, Anis, Zitronen- und Orangenschale zum Karamel geben und weitere 5 Minuten leise kochen lassen.

**8.** Die Speisestärke mit 1 El kaltem Wasser anrühren, die Karamelsauce leicht damit binden und abkühlen lassen; mit Grenadinesirup und Orangenlikör aromatisieren.

**9.** Zum Servieren das Soufflé mit Puderzucker bestäuben. Die Erdbeeren mit streifig geschnittenen Minzeblättern und Karamelsauce dazu reichen.

**Zubereitungszeit: 1 Stunde**
**Pro Portion** 20 g E, 37 g F, 108 g KH = 896 kcal (3753 kJ)

### PROFI-TIP

*Drei Marinaden für Obst und Dörrobst*
**Mariniertes Obst bietet neue Geschmacksvarianten, läßt sich leicht herstellen und paßt hervorragend zu Parfaits und Eiscreme. Der Ansatz ist immer gleich: Zucker karamelisieren lassen, mit frisch gepreßtem Orangensaft aufgießen und sirupartig einkochen. Für eine Dörrobstmischung diesen Karamel mit Ahornsirup, Sternanis und weißem Portwein aromatisieren. Zu Apfel- und Birnenspalten paßt besonders gut eine Karamelsauce mit Zimtstangen, Johannisbeersaft, abgeriebener Orangen- und Zitronenschale und grob gehackten Pistazienkernen. Geschälte und in Scheiben geschnittene frische Ananas gewinnt enorm durch einen Karamel, der mit Vanilleschoten, etwas Honig und Grenadine aromatisiert wurde.**

# Hühnersuppe schlicht und einfach
## Hannelore Hoger

**HÜHNERSUPPE**
*Ein großes Suppenhuhn, Wurzelgemüse, Wirsingkohl und Kräuter sind die Ingredienzen dieses Klassikers der deutschen Küche*

## Hühnersuppe

Für 4–6 Portionen:
1 Bund Suppengrün
1 Suppenhuhn (ca.1,8 kg)
1 Kräuterbund (Petersilie,
Liebstöckel, Lorbeer, Thymian)
400 g Bundmöhren
1 Bund Petersilienwurzeln
2 Bund Frühlingszwiebeln
1 Wirsing (ca. 600 g)
Salz, Pfeffer
1/2 Bund glatte Petersilie

**1.** Das Suppengrün putzen und grob würfeln. Das Huhn waschen, in einem großen Topf mit kaltem Wasser bedecken, Suppengrünwürfel und Kräuterbund dazugeben. Einmal aufkochen, dann bei mittlerer Hitze ca. 1 Stunde, 30 Minuten kochen lassen; dabei ab und zu abschäumen.

**2.** Möhren und Petersilienwurzeln schälen und in Scheiben schneiden. Frühlingszwiebeln putzen und ebenfalls in Scheiben schneiden. Den Wirsing putzen und vierteln, den Strunk herausschneiden. Die Wirsingviertel erst in Streifen, dann in Stücke schneiden.

**3.** Nach Ende der Garzeit das Huhn aus der Brühe heben und etwas abkühlen lassen. Haut und Fett entfernen, das Fleisch auslösen und grob würfeln.

**4.** Die Brühe durch ein Sieb gießen, mit Salz und Pfeffer würzen, zum Kochen bringen. Zuerst die Möhren, dann die Petersilienwurzeln und zum Schluß die Wirsingblättchen hineingeben und darin garen. Das Hühnerfleisch dazugeben und warm werden lassen. Petersilie abzupfen, grob hacken und hineingeben. Auf Wunsch mit Eierstichwürfeln servieren.

**Zubereitungszeit: 1 Stunde, 45 Minuten**
**Pro Portion (bei 6 Portionen)**
47 g E, 2 g F, 10 g KH = 249 kcal (1040 kJ)

Wer mit Frau Hoger im Restaurant sitzt, kann Zeuge einer wundersamen Wandlung werden. Die Lektüre von Speise- und Weinkarte wird anfangs begleitet von Sätzen wie „Eigentlich habe ich keinen Appetit" oder „So etwas sollte ich gar nicht essen." Etwas später dann hört sie sich so an: „Na, vielleicht doch ein bißchen essen und trinken" und „Das klingt ja interessant, ob das wohl schmeckt?" Um schließlich, wenn der Ober die Bestellung aufnehmen will, in ein „Ach was, wir nehmen alles" einzumünden. Dann ißt und trinkt sie mit Genuß, nur ab und zu irrlichtern noch Gedanken an Entsagung zwecks schlanker Linie durch das Tischgespräch.

Die Hamburgerin liebt das Einfache, Schnörkellose der Gerichte ihrer Kindheit („Bloß kein Tüddelkram"): Birnen, Bohnen und Speck, Kohlrouladen, Hühnersuppe. Was nicht heißt, daß sie Fremdländisches oder Luxus verschmähte – „Ich liebe Sashimi. Auch Kaviar kann manchmal ganz schön sein." Aber braucht das einer für seinen Seelenfrieden? Dazu Hannelore Hogers leicht kryptisches Credo: „Um zufrieden zu sein, braucht man einen Hering, ein gutes Bett, 'n Tisch, 'n Buch und einen Liebhaber."

Ihr schlimmstes, ihr schönstes Eßerlebnis bei Dreharbeiten? „Schrecklich war es in der Defa-Kantine, da setzten sie uns einen furchtbaren Matsch vor. Ganz wunderbar war es beim Dreh vom „Rossini" mit dem Dietl, wir wurden von italienischen Köchen verwöhnt, alle waren von morgens bis abends am Fressen." Und wunderbar war es dann auch beim Lafer. Als der Ober sich zum Schluß erkundigt, kriegt er die reine Poesie zu hören: „Unser Herz lacht, unsere Seele ist zufrieden, der Wein schmeckt wie eine blonde Frau mit langen Haaren."

> *„Daß ich Hühnersuppe mag, heißt nicht, daß ich überhaupt gern Suppen esse. Erbsensuppe hasse ich, auch Gulaschsuppe."*
>
> **HANNELORE HOGER**

# Hühnerfrikassee

**Für 4 Portionen:**
1 Maispoularde (ca. 1,5 kg)
Salz, 1 Gemüsezwiebel
1 Bund Suppengrün
2 Lorbeerblätter
3 Stiele Liebstöckel
4 Wacholderbeeren
1 El weiße Pfefferkörner
40 g Butter, 40 g Mehl
200 ml Weißwein
50 ml trockener Sherry
200 ml Schlagsahne
200 g Shiitake-Pilze
1 Fenchelknolle (350 g)
30 g Schalotten
300 g Tomaten
100 g Erbsen (TK)
1/2 Bund Estragon
Saft von 1 Limette, Pfeffer

**1.** Die Poularde in Salzwasser ca. 2 Minuten blanchieren. Danach in einem großen Topf mit kaltem Wasser aufsetzen und zum Kochen bringen.

**2.** Zwiebel vierteln, Suppengrün putzen und grob würfeln, mit Lorbeer, Liebstöckel, Wacholder, Pfefferkörnern und etwas Salz zur Poularde geben. Bei milder Hitze ca. 40 Minuten kochen lassen.

**3.** Die Poularde herausnehmen, abtropfen und etwas abkühlen lassen. Haut und Fett entfernen, das Fleisch in ca. 2 cm große Würfel schneiden. Die Brühe durch ein feines Sieb gießen und ebenfalls abkühlen lassen.

**4.** Butter in einem Topf erhitzen. Mehl darin ohne Farbe anschwitzen, mit Weißwein und Sherry ablöschen und mit einem Schneebesen glattrühren. 500 ml Brühe abmessen, den Saucenansatz damit aufgießen, 5 Minuten durchkochen lassen. Sahne hinzufügen, weitere 5 Minuten kochen lassen.

**5.** Die Pilze putzen und vierteln, Fenchel putzen und fein würfeln, Schalotten pellen und ebenfalls fein würfeln. Die Tomaten blanchieren, häuten, achteln, entkernen und in ca. 1 cm dicke Spalten schneiden.

**6.** Pilze, Fenchel- und Schalottenwürfel, Tomatenspalten und Erbsen mit der Sauce, dem Hühnerfleisch und den gehackten Estragonblättern vermengen. Mit Limettensaft, Salz und Pfeffer würzen. Mit Kartoffelschmarren (siehe folgendes Rezept) servieren.

**Zubereitungszeit: 1 1/4 Stunden**
**Pro Portion 61 g E, 26 g F,**
**24 g KH = 593 kcal (2482 kJ)**

## PROFI-TIP

**Gemüse mit dem gewissen Etwas**
Lafer liebt es, altbekannte Produkte auf neue Art zu verarbeiten und zu präsentieren. Verblüffendes Beispiel ist seine weiße Tomatenschaumsuppe. Dafür zerkleinerte Strauchtomaten, getrocknete Tomaten und Kalbsfond in einem Topf vermengen und einmal aufkochen. Über Nacht durch ein Passiertuch abgetropft ergibt das eine klare Flüssigkeit. Nun Schalotten- und Knoblauchwürfel in Butter glasig dünsten, die Tomatenessenz hinzufügen und aufkochen. Sahne und Weißwein hinzufügen, mit dem Pürierstab aufschäumen und mit etwas Essig, Salz und frisch gemahlenem Chili würzen. Basilikumblätter in feine Streifen schneiden und unterrühren.
Die gute alte Möhre kriegt mit Ingwer einen besonderen Kick. Dafür Möhren mit Schalottenwürfeln in Butter glasig dünsten. Braunen Zucker, fein gewürfelte frische Ingwerwurzel und Salz dazugeben und zugedeckt langsam gar dünsten. Mit gehacktem Koriandergrün oder glatter Petersilie servieren.

**HÜHNERFRIKASSEE MIT KARTOFFEL-SCHMARREN**
**Feines Frikassee, mit Shiitake-Pilzen, Fenchel und einem Hauch Österreich**

# Kartoffelschmarren

**Für 4 Portionen:**
600 g Kartoffeln (mehligkochend)
4 Eier (Kl. L )
Salz, 200 ml Schlagsahne
Pfeffer
Muskatnuß
1 El Speisestärke
1 Bund Frühlingszwiebeln
20 g Butter
20 g Butterschmalz

**1.** Die Kartoffeln mit der Schale kochen. Die Eier trennen und das Eiweiß mit 1 Prise Salz steif schlagen. Die Sahne einmal aufkochen und mit Salz, Pfeffer und geriebener Muskatnuß würzen.

**2.** Die Kartoffeln noch warm pellen, mit der gewürzten Sahne zerstampfen und mit Eigelb und Stärke vermengen. Etwas Eischnee unterrühren, dann den restlichen Eischnee locker unterheben. Die Frühlingszwiebeln putzen, in feine Ringe schneiden und in einer Pfanne in der heißen Butter andünsten.

**3.** Das Butterschmalz in einer ofenfesten Pfanne erhitzen, die Kartoffelmasse hineingeben und glattstreichen. Mit den Frühlingszwiebeln bestreuen und im vorgeheizten Backofen auf der 2. Einschubleiste von unten 15–18 Minuten bei 190 Grad backen (Gas 2–3, Umluft nicht empfehlenswert). Den Kartoffelschmarren in gleich große Stücke zerteilen und zum Hühnerfrikassee servieren.

**Zubereitungszeit: 40 Minuten**
**Pro Portion 12 g E, 31 g F,**
**25 g KH = 425 kcal (1780 kJ)**

# Bratkartoffeln und Kultur
## *Manfred Eichel*

**SPIEGELEI
MIT BRATKARTOFFELN**
*Ergreifend in seiner
Schlichtheit, deftig im Geschmack
– ein Gericht, auf das der
„aspekte"-Chef stets gern zurückgreift*

## Bratkartoffeln mit Spiegeleiern

Für 4 Portionen:
600 g Kartoffeln
(festkochend)
Salz
100 g Zwiebeln
1 El Öl
Paprikapulver
Pfeffer
20 g Butter
8 Eier (Kl. L)

**1.** Kartoffeln mit der Schale in Salzwasser kochen, noch warm pellen und in 1/2 cm dicke Scheiben schneiden. Die Zwiebeln pellen und fein würfeln.

**2.** Das Öl in einer Pfanne erhitzen, einen Teil der Kartoffelscheiben darin gleichmäßig kroß braten, Zwiebelwürfel dazugeben. Den Vorgang wiederholen, bis Kartoffeln und Zwiebeln verbraucht sind. Bratkartoffeln mit Paprikapulver, Salz und Pfeffer würzen.

**3.** Butter in einer 2. Pfanne erhitzen. Die Eier darin braten und zu den Bratkartoffeln servieren.

**Zubereitungszeit:** 35 Minuten
**Pro Portion** 18 g E, 20 g F, 20 g KH = 336 kcal (1408 kJ)

An seinen Bratkartoffeln sollt ihr ihn erkennen, dachte sich der Herr über Literatur und Kunst beim ZDF und nannte Johann Lafer die frugale Speise als sein Leibgericht. Aber nicht nur, um den Sterne-Koch zu testen („bestanden"), sondern auch als Reminiszenz an seine Hamburger und Berliner Studentenzeit, in der die Bratkartoffel nach nächtlichen Kneipentouren eine zentrale Rolle spielte. Und weil dies eines der wenigen Gerichte ist (das andere ist ein Orangen-Parfait), für die sich Manfred Eichel auch heute noch gern an den Herd stellt. Zwar hat er vor langen Jahren in einem Anfall von Koch-Ehrgeiz – „Ich hatte so viele Freunde, die hervorragend kochen konnten. Denen wollte ich's auch mal zeigen" – sogar einen Kochkurs besucht. Doch dann trat eine Frau in sein Leben, die aus dem Stand heraus am Herd um ein Vielfaches besser war als er, so daß ihm nur der geordnete, aber zügige Rückzug aus der Küche blieb.

Seither genießt er, was andere kochen und auftragen, und unterhält derweil sich und die Gäste auf diese unnachahmliche Art: Manfred Eichel, ein Mann, der Literatur, Theater, Musik, Kino, Kunst und das Gespräch darüber liebt, ist begeistert und begeisternd zugleich. Gutes Essen ist für ihn ein Fest, und ein Fest ist für ihn nicht vorstellbar ohne gutes Essen.

Als er 1992 vom NDR nach Mainz wechselte, verabschiedete er sich mit einer rauschenden Party für 700 Gäste im Innenhof des Museums für Hamburgische Geschichte; seinen 60. Geburtstag feierte er im Rheingau mit nur unwesentlich weniger Teilnehmern. „Gedichte lesen, Klavier spielen, nichts entspannt so vollständig und nachhaltig wie gutes Essen – da ist man in den Gefilden der reinen Freude und des Genusses."

*„Gedichte lesen, Klavier spielen, nichts entspannt so nachhaltig wie gutes Essen – das sind die Gefilde der Freude und des reinen Genusses."*

**MANFRED EICHEL**

## Lammrückenpastete im Wirsingmantel

**Für 6 Portionen:**
8 große Wirsingblätter (250 g)
Salz
je 100 g Möhren, Sellerie und Porree
500 g Lammknochen
8 El Olivenöl
1 El Tomatenmark
300 ml Rotwein
1/2 Bund Thymian
6 Zweige Rosmarin
4 Knoblauchzehen (gepellt)
90 g Schalotten
2 Lorbeerblätter
1 Tl schwarze Pfefferkörner
2 Tl Speisestärke
Pfeffer
2 altbackene Brötchen
100 ml Milch
300 g Lammhackfleisch
20 g Butter
50 g Pinienkerne
1 Ei (Kl. L)
2 Lammrückenfilets (à 150 g)

**LAMMRÜCKENPASTETE MIT BRATKARTOFFELN**
*Das Lamm von Farce umhüllt und sanft gebacken, die Kartoffeln raffiniert gewürzt*

**1.** Die Wirsingblätter putzen, den Strunk jeweils keilförmig herausschneiden. Die Blätter in Salzwasser ca. 2 Minuten blanchieren, in Eiswasser abschrecken und auf Küchenpapier abtropfen lassen. Eine Kastenform (Inhalt 750 ml) so mit den Wirsingblättern auslegen, daß sie am Rand ca. 3 cm überlappen.

**2.** Für die Sauce die Möhren und den Sellerie schälen und würfeln, den Porree putzen, waschen und ebenfalls würfeln. Die Lammknochen kleinhacken. Knochen und Gemüsewürfel mit 5 El Olivenöl auf ein Backblech geben und im Backofen auf der 2. Einschubleiste von unten bei 200 Grad 40 Minuten rösten (Gas 3, Umluft 180 Grad); dabei ab und zu wenden.

**3.** Tomatenmark unterrühren, kurz mit anrösten, mit Rotwein ablöschen und etwas einkochen lassen. Das Blech aus dem Backofen nehmen, Knochen, Gemüse und Flüssigkeit in einen Topf umfüllen und mit 0,5 l Wasser auffüllen. 3 Zweige Thymian, 2 Zweige Rosmarin, Knoblauchzehen, 2 halbierte Schalotten, Lorbeerblätter und Pfefferkörner dazugeben, auf die Hälfte einkochen lassen.

**4.** Den Fond durch ein Sieb passieren, nochmals auf die Hälfte einkochen lassen, mit der kalt angerührten Stärke binden, mit Salz und Pfeffer würzen und beiseite stellen.

**5.** Für die Füllung die Brötchen in Würfel schneiden, kurz in Milch einweichen und zum Lammhack geben. Die restlichen Schalotten pellen und fein würfeln. Die Butter erhitzen, die Schalottenwürfel darin glasig dünsten. Restlichen Rosmarin und Thymian abzupfen und fein hacken. Pinienkerne ohne Fett in einer Pfanne goldbraun rösten. Kräuter, Pinienkerne und Ei zur Hackmasse geben und alles gut vermengen. Mit Salz und Pfeffer würzen.

**6.** Die Lammrückenfilets kurz kalt abspülen, trockentupfen und mit Salz und Pfeffer würzen. Das restliche Olivenöl in einer Pfanne erhitzen, die Lammrückenfilets darin rundum anbraten, herausnehmen und auf Küchenpapier abtropfen lassen.

**7.** Die Hälfte der Hackmasse in die mit den Wirsingblättern ausgelegte Form streichen, die Fleischstücke darauflegen und mit der restlichen Hackmasse bestreichen. Die überstehenden Wirsingblätter darüberklappen, die Pastete im vorgeheizten Backofen auf der 2. Einschubleiste von unten 35–40 Minuten bei 170 Grad backen (Gas 1–2, Umluft 30–35 Minuten bei 150 Grad).

**8.** Die Lammrückenpastete aus dem Backofen nehmen und kurz ruhenlassen. Dann in nicht zu dünne Scheiben schneiden (am besten mit einem Elektromesser) und mit der erwärmten Sauce und Kürbiskernkartoffeln servieren (siehe folgendes Rezept). Dazu passen Speckbohnen.

**Zubereitungszeit: 2 Stunden**
**Pro Portion 21 g E, 28 g F, 12 g KH = 398 kcal (1666 kJ)**

## Bratkartoffeln mit Kürbiskernen und getrockneten Tomaten

**Für 4 Portionen:**
500 g Kartoffeln (festkochend)
Salz
60 g Schalotten
50 g getrocknete Tomaten
50 g Kürbiskerne
2 El Butterschmalz
Pfeffer

**1.** Die Kartoffeln mit der Schale in Salzwasser kochen. Noch warm pellen, abkühlen lassen und in Scheiben schneiden.

**2.** Schalotten pellen und fein würfeln. Getrocknete Tomaten fein würfeln, Kürbiskerne fein hacken.

**3.** Das Butterschmalz in einer Pfanne erhitzen, die Kartoffelscheiben dazugeben und goldbraun backen. Schalottenwürfel dazugeben und glasig werden lassen, getrocknete Tomatenwürfel und Kürbiskerne untermengen, mit Salz und Pfeffer würzen. Zu der Lammpastete servieren.

**Zubereitungszeit: 35 Minuten**
**Pro Portion 6 g E, 21 g F, 19 g KH = 287 kcal (1204 kJ)**

# Dessert mit französischer Note
## *Ulrich Kienzle*

**GEBRANNTE CREME**
*„Das Beste daran ist die Kruste", sagt der frankophile Fernsehmann. Dazu gibt's marinierte Erdbeeren*

50

## Gebrannte Vanillecreme mit marinierten Erdbeeren

Für 4 Portionen:
6 Eigelb (Kl. L)
110 g Zucker
1 Vanilleschote
200 ml Milch
500 ml Schlagsahne
200 g Erdbeeren
40 g Puderzucker
2 cl Orangenlikör
(z. B. Grand Marnier)
50 g brauner Zucker

**1.** Eigelb mit Zucker in einem Schneekessel verquirlen.

**2.** Die Vanilleschote der Länge nach aufschlitzen und das Mark herauskratzen. Milch und Sahne mit Vanilleschote und -mark aufkochen, mit dem verquirlten Eigelb verrühren und über einem heißen Wasserbad zu einer dicklich-cremigen Masse aufschlagen. Dann durch ein Sieb in 4 tiefe Teller füllen. Auf der 2. Einschubleiste von unten in den auf 120 Grad vorgeheizten Backofen schieben und 40 Minuten garen (Gas 1–2, Umluft 95 Grad). Aus dem Ofen nehmen und auskühlen lassen.

**3.** Die Erdbeeren waschen, putzen und vierteln, mit dem Puderzucker und Orangenlikör marinieren.

**4.** Die ausgekühlte Creme mit dem braunen Zucker bestreuen und unter dem Grill 1–2 Minuten gratinieren, bis der Zucker geschmolzen ist und eine goldbraune Farbe angenommen hat. Mit den Erdbeeren servieren.

**Zubereitungszeit: 1 Stunde (plus Kühlzeit)**
**Pro Portion** 11 g E, 51 g F, 60 g KH = 755 kcal (3165 kJ)

So wie ihm politisch niemand ein X für ein U vormacht, läßt sich der gestandene Journalist Kienzle auch kulinarisch nicht von Schaumschlägerei oder Prestigedenken beeindrucken: „Teuer gleich gut muß nicht stimmen. Ich gehe in ein Restaurant, wenn es mir dort schmeckt, wenn das Preis-Leistungs-Verhältnis richtig ist. Und wenn mir beim Wein die 16-Mark-Flasche besser schmeckt als die für 60 mit dem tollen Etikett, na, um so besser."

So abgeklärt und souverän, wie der gebürtige Schwabe das sagt, ist man glatt überzeugt, daß seine Einstellung auf Erfahrung und nicht auf sprichwörtlichen Tugenden seiner Heimat fußt. Denn Erfahrung, auch kulinarische, hat Ulrich Kienzle allemal: Als TV-Chef in Bremen lernte er Kohl und Pinkel schätzen, als Korrespondent im kriegsgeplagten Beirut, wie man fünf Stunden arabisch tafelt oder ein Auto voller Wein gegen wildgewordene Freischärler verteidigt, und in Frankreich entdeckte er die Gourmetfreuden Austern, Champagner und Crème brûlée. „Die gehört dort zum Standard eines jeden Restaurants und ist eigentlich etwas ganz Einfaches."

Die schlichten, die traditionellen Dinge sind es denn auch, die den Mann mit dem markanten Schnauzbart begeistern, eine gute hessische Rindswurst mit scharfem Senf zum Beispiel, oder Kalbsbratwürste mit schwäbischem Kartoffelsalat. Und noch etwas liebt der Schwabe, der jetzt im Rheingau lebt: Kutteln. „Kutteln in Trollinger, das kann ich am besten kochen. Das hätte ich mir vom Lafer wünschen sollen. Was der wohl daraus gemacht hätte?"

*„Manch einer trinkt einen teuren Wein nicht, weil er ihm schmeckt, sondern aus Statusgründen. Das finde ich albern."*

**ULRICH KIENZLE**

## Gefüllte Mandelpfannkuchen mit Schokobirnen

Für 4 Portionen:
**Pfannkuchen**
1 Ei (Kl. L)
2 Eigelb (Kl. L)
1/4 l Milch
120 g Mehl
20 g flüssige Butter
Salz
abgeriebene Schale von
1/2 Zitrone
40 g Mandelblättchen
40 g Butterschmalz
**Vanillecreme**
4 Blatt weiße Gelatine
1 Vanilleschote
1/8 l Milch
3 Eigelb (Kl. L)
100 g Puderzucker
200 ml Schlagsahne
20 g weiche Butter
30 g brauner Zucker
**Schokoladenbirnen**
4 Birnen (à 200 g)
Saft von 1 Zitrone
90 g Zucker
30 g Butter
8 cl Ahornsirup
100 g bittere Schokolade
50 ml Schokoladenlikör
30 g Mandelblättchen

**1.** Für den Pfannenkuchenteig Ei, Eigelb, Milch, Mehl, flüssige Butter, 1 Prise Salz und Zitronenschale verrühren.

**2.** 10 g Mandeln in 10 g Butterschmalz kurz anrösten. Ein Viertel vom Pfannkuchenteig darübergießen und einen goldbraunen Pfannkuchen backen. Auf Küchenpapier legen. Diesen Vorgang dreimal wiederholen, bis die Mandeln und der Teig verbraucht sind.

**3.** Für die Vanillecreme die Gelatine in kaltem Wasser einweichen. Die Vanilleschote der Länge nach aufschlitzen und das Mark herauskratzen. Beides mit der Milch aufkochen. Eigelb mit dem Puderzucker verquirlen, die Vanillemilch durch ein Sieb unter die Eimasse rühren. Das Ganze über einem heißen Wasserbad mit dem Schneebesen dicklich-cremig aufschlagen. Die Gelatine ausdrücken und in der Creme auflösen. Die Sahne steif schlagen. Die Creme auf Eiswasser kaltrühren. Kurz bevor die Masse zu stocken beginnt, die steif geschlagene Sahne unterheben. Die Creme im Kühlschrank kalt werden lassen.

**4.** Die Vanillecreme mit einem Löffel auf die einzelnen Pfannkuchen streichen, diese seitlich über der Creme zusammenklappen und aufrollen. Eine feuerfeste Form mit der Butter ausstreichen und die Pfannkuchen dicht nebeneinander hineinlegen. Ca. 15 Minuten in das Gefriergerät stellen.

**5.** Für die Schokoladenbirnen die Birnen schälen und vierteln. Das Kerngehäuse herausschneiden und die Viertel in 1 cm dicke Spalten schneiden. Sofort mit etwas Zitronensaft beträufeln, damit sie nicht braun werden. Zucker in einem Topf schmelzen. Die Butter und die Birnenspalten mit dem übrigen Zitronensaft dazugeben, mit Ahornsirup ablöschen und mit 100 ml Wasser auffüllen. Die Schokolade grob raspeln, dazugeben und alles ca. 10 Minuten leise kochen lassen. Den Schokoladenlikör und die Mandelblättchen unterheben.

**6.** Die Pfannkuchen aus dem Gefriergerät nehmen, mit dem braunen Zucker bestreuen und unter dem Grill 3–4 Minuten überbacken. Mit den Schokoladenbirnen servieren.

**Zubereitungszeit: 1 1/2 Stunden
Pro Portion 22 g E, 73 g F, 134 g KH = 1288 kcal (5400 kJ)**

**MANDELPFANNKUCHEN**
*Lafers Variation des süßen Themas: Vanillecreme als Füllung für geeiste Pfannkuchen*

## PROFI-TIP

**Umgang mit Gelatine**
*Ob Sie Gelatine in Blatt- oder Pulverform verwenden, die Wirkung ist gleich. Auch die Farbe hat keinen Einfluß auf die Geliereigenschaften. Ein Vorteil pulverisierter Gelatine: man braucht sie nach dem Einweichen nicht mehr auszudrücken – vielleicht ein Grund, warum Johann Lafer dieser Art von Gelatine für Terrinen und Aspik den Vorrang gibt.*

# Wenn der Politiker den Braten riecht
## *Heiner Geißler*

**SCHWEINEBRATEN**
*Ein deutscher Klassiker, serviert mit Krautsalat. Heiner Geißler ißt ihn auch gern mit Rotkohl*

## Schweinebraten

Für 4 Portionen:
1 kg Schweinebraten mit Schwarte
Salz, Pfeffer
6 El Öl
300 g kleine Zwiebeln

**1.** Die Schwarte vom Schweinebraten mit einem scharfen Messer kreuzweise einritzen.

**2.** Den Braten rundherum kräftig mit Salz und Pfeffer einreiben. In einem Schmortopf das Öl erhitzen und den Braten von allen Seiten gut anbraten. Die Zwiebeln pellen und dazugeben, dann den Braten auf der 2. Einschubleiste von unten im vorgeheizten Ofen bei 200 Grad 1 Stunde braten (Gas 3, Umluft 50 Minuten bei 180 Grad).

**3.** Den Braten aus dem Ofen nehmen, in Alufolie wickeln und 5 Minuten ruhenlassen. Dann in Scheiben schneiden und mit warmem Krautsalat servieren. Dazu passen Schupfnudeln.

**Zubereitungszeit: 1 1/4 Stunden**
**Pro Portion** 51 g E, 22 g F,
0 g KH = 402 kcal (1680 kJ)

Was das Thema Essen angeht, wirkt Dr. Geißler – von den Medien stets gern als „störrischer Querdenker" apostrophiert – eher geradlinig als abweichend: Mit der Mehrheit der Deutschen teilt der fast Siebzigjährige, der auch nach einem schweren Sportunfall nichts von seiner Umtriebigkeit eingebüßt hat, die Abneigung gegen Innereien und die Vorliebe für Gemüse. Er mag Geflügel, erinnert sich gern an die Kerbelsuppe seiner Großmutter, und am großen Braten ist ihm im Grunde die Sauce wichtiger als das Fleisch. Wenn sie denn gut ist: „In Restaurants ist es oft ein Kreuz. Wenn die Sauce aus dem Container kommt, ist der Braten verhunzt."

Beim Wein ist er ganz Patriot: „Den deutschen Weißwein halte ich für den besten, kein anderer auf der Welt hat diese Kombination von Frucht, Süße und Säure." Wobei er die 400 Flaschen „Gleisweiler Hölle", die er in einem guten Jahr aus dem eigenen Wingert gewinnt, bescheiden außen vor läßt: „Das ist ein ganz normaler Pfälzer Riesling, kein exquisites Hochgewächs." Sein Weinberg ist ihm mehr als der private Schoppen: „Das Rebenschneiden ist eine spannende Geschichte. Jeder Stock ist anders, da muß man detektivisch erkennen, was man schneidet und was nicht. Das ist auch Meditation und Philosophie."

Zum Essen geht Heiner Geißler gern in japanische Restaurants oder in eine gute deutsche Gaststube. Wenn es denn möglich ist: „Außerhalb der Großstädte kriegt man abends um halb zehn in einem deutschen Restaurant kein Essen mehr. Wenn man dann rübergeht auf die andere Straßenseite, zum Griechen oder Italiener, wird man auch um elf noch freundlich bedient. Da müßten die Deutschen umdenken."

*„In Restaurants ist es oft ein Kreuz.*
*Wenn die Sauce*
*aus dem Container kommt, ist der*
*Braten verhunzt."*

**HEINER GEISSLER**

## Gelackte Schweineschulter

Für 6 Portionen:
200 g Möhren
150 g Porree
200 g Tomaten
1/2 Knoblauchknolle
60 g frische Ingwerwurzel
3 Lorbeerblätter
1/2 El Korianderkörner
1/2 El weiße Pfefferkörner
6 Chilischoten
20 ml Sesamöl
1 Schweineschulter
(ohne Knochen, ca.1,5 kg)
30 g Zwiebeln
(halbiert, in der Pfanne ohne Fett gebräunt)
150 g Zucker
200 ml Pflaumenwein
700 ml Kochfond vom Fleisch
etwas Sternanis und Chili (Mühle)
Salz, Pfeffer
30 g Butterschmalz

**GELACKTE SCHWEINESCHULTER**
**Karamel und Pflaumenwein geben dem Braten Glanz, Anis und Chili die Würze. Raffinierte Beilage dazu: mit Pflaumenmus gefüllte, kroß ausgebackene Kartoffeln**

**1.** Möhren, Porree und Tomaten waschen, putzen und grob zerteilen. Knoblauch pellen und halbieren. 2 1/2–3 l kaltes Wasser zum Kochen bringen, den Ingwer in Scheiben, Lorbeer, Koriander- und Pfefferkörner, die ganzen Chilischoten, das Sesamöl und die Schweineschulter mit dem Gemüse und den Zwiebeln hineingeben und 30 Minuten leise kochen lassen. Die Schulter herausnehmen, den Fond durch ein Sieb in einen anderen Topf gießen.

**2.** Den Zucker in einem heißen Topf goldbraun karamelisieren und mit dem Pflaumenwein ablöschen. Etwas einkochen lassen und mit 500 ml Kochfond auffüllen. Gemahlenen Sternanis und Chili dazugeben und dickflüssig einkochen.

**3.** Die Schwarte der Schweineschulter mit einem scharfem Messer über Kreuz einschneiden, das Fleisch rundherum salzen und pfeffern. Das Butterschmalz in einem Bräter erhitzen, die Schweineschulter darin von allen Seiten anbraten und mit dem restlichen Kochfond ablöschen. Im vorgeheizten Backofen auf der 2. Einschubleiste von unten bei 180 Grad 1–1/2 Stunden garen (Gas 2–3, Umluft 160 Grad). Das Fleisch alle 10 Minuten mit dem eingekochten Fond bepinseln.

**4.** Die Schweineschulter aus dem Bräter nehmen und warm stellen. Die Sauce passieren und mit Salz und Pfeffer abschmecken. Schweineschulter in Scheiben mit Sauce und Powidlkartoffeln servieren (siehe folgendes Rezept).

**Zubereitungszeit: 2 1/2 Stunden**
**Pro Portion** 51 g E, 30 g F,
27 g KH = 602 kcal (2516 kJ)

## Powidlkartoffeln

Für 6 Portionen:
600 g mittelgroße Kartoffeln (festkochend)
Salz
2 Eier (Kl. L)
200 g Semmelbrösel
100 g Mehl
100 g Pflaumenmus
150 g Butterschmalz

**1.** Die Kartoffeln mit Schale in Salzwasser kochen. Noch warm pellen und auskühlen lassen. Die Kartoffeln längs halbieren und mit einen Kugelausstecher in der Mitte aushöhlen.

**2.** Die Eier mit einer Gabel verquirlen, Semmelbrösel und Mehl in zwei Schüsseln geben. Die Hälfte der ausgehöhlten Kartoffelhälften mit dem Pflaumenmus füllen. Die ungefüllten Hälften wieder darauflegen.

**3.** Die gefüllten Kartoffeln erst im Mehl, dann in den verquirlten Eiern und zuletzt in den Semmelbröseln wenden.

**4.** Das Butterschmalz in einer Pfanne erhitzen, die Kartoffeln darin rundherum ausbacken und auf Küchenpapier abtropfen lassen. Die Kartoffeln zu der gelackten Schweineschulter servieren.

**Zubereitungszeit: 1 Stunde**
**Pro Portion** 9 g E, 20 g F,
59 g KH = 455 kcal (1908 kJ)

# Erbsensuppe mit Musik
## Hans Liberg

**ERBSENSUPPE**
*Ein deftiges holländisches Winteressen – für den Musik-Kabarettisten und Entertainer Liberg die Erinnerung an seine Mutter*

## Erbsensuppe von gelben Erbsen

Für 4 Portionen:
400 g gelbe getrocknete Erbsen
4 Schweinekoteletts (à 180 g)
2 Stangen Porree
1 Bund Staudensellerie
500 g Knollensellerie
400 g Kartoffeln
1 geräucherte Wurst (z. B. Cabanossi)
Salz, Pfeffer

**1.** Die Erbsen über Nacht in 1 l kaltem Wasser einweichen. Am nächsten Tag mit dem Einweichwasser, 1 l frischem Wasser und den Schweinekoteletts in einen Topf geben und in ca. 1 1/2 Stunden weichkochen.

**2.** Porree, Stauden- und Knollensellerie und Kartoffeln putzen bzw. schälen und in 1 cm große Rauten schneiden. Wenn die Erbsen gar sind, das Gemüse und die Rauchwurst dazugeben und weitere 20 Minuten leise kochen lassen. Mit Salz und Pfeffer würzen.

**3.** Die Wurst aus der Suppe nehmen, in Scheiben schneiden und wieder in den Eintopf geben.
Als Beilage paßt mit Schinkenspeck belegtes Brot.

**Zubereitungszeit:** 2 Stunden (plus Einweichzeit)
**Pro Portion** 71 g E, 25 g F, 61 g KH = 765 kcal (3200 kJ)

**W**o immer Hans Liberg is(s)t, ist seine Bühne. So auch auf der Stromburg. Also: Vorhang auf! Das Menü beginnt mit Foie-gras-Pralinen. Liberg: „Solche Schokolade habe ich noch nie gegessen. Gar nicht so süß."

Die erste kulinarische Erinnerung? „Die Brustmilch meiner Mutter. Das war so lecker, das hat sich nie mehr wiederholt. Ich frage danach manchmal im Restaurant, aber es klappt leider nie."

Was kam danach? „Die urholländische Kombination, die jedes Kind mitbekommt: Fleisch, Kartoffeln, Sauce, Apfelmus, alles schön vermengt. So wie John Cleese gesagt hat: ‚Can I have the whole menu? In a bucket, please.'" Jetzt fragt der Ober: „Möchten Sie noch eine Flasche Wein?" Liberg: „Nein danke, geben Sie mir lieber das Geld." Als Hauptgang kommt Fisch auf den Tisch. „Ist der tot? Der wirkt so frisch."

Lieblingsessen außer Erbsensuppe? „Pfifferlinge! Die habe ich früher immer gepflückt, mit meinem Großvater. Heute, nach Tschernobyl, sind sie noch aromatischer. Und leuchten auch besser."

Was mag er ums Verrecken nicht? „Kutteln! Noch schlimmer sind nur ‚Tripes à la mode de Cannes'. Das ist wie Kutteln und Cannes zugleich. Oder heißt das Caen?" Austern? „Habe ich mit zwanzig gegessen, fand ich widerlich. Aber da war ich sexuell noch nicht entwickelt. Heute ist es eins meiner Lieblingsessen."

Zeit fürs Dessert. „Ich nehme Calvados. Davon werde ich ganz glücklich. Das ist ja, was der Mensch will, glücklicher werden. Auch durch Essen und Trinken. Das Feine, das man dabei spürt, findet zwischen den Ohren statt, wie bei Musik und Erotik. Alles zusammen soll stimulieren: Geschmackserotikmusikstimulierung." Vorhang zu.

*„Am liebsten esse ich mit den Händen. So wie mein kleiner Sohn."*

**HANS LIBERG**

## Erbsenschaumsuppe mit Schweinshaxenpralinen

Für 4 Portionen:

**Schweinshaxenpralinen**
100 g Möhren, 100 g Porree
100 g Knollensellerie
50 g Zwiebeln
1/2 Knoblauchknolle
1 El Kümmelsaat
5 Lorbeerblätter
5 Pfefferkörner
3 Wacholderbeeren
1 Schweinshaxe (ca.1,3 kg)
50 g Butter
50 g Schalotten
(fein gewürfelt)
1 El Mehl
80 ml Schlagsahne, Salz
1/2 El Majoran (fein gehackt)
1/2 El glatte Petersilie
(fein gehackt)
40 g Butterschmalz zum
Ausbacken

**Erbsensuppe**
600 g Erbsen
(frisch ausgepalt oder TK)
100 g Schalotten
(fein gewürfelt)
100 g Butterschmalz
200 ml Weißwein
600 ml Geflügelfond
(ersatzweise Gemüsefond)
100 ml Schlagsahne
1 Tl Limettenschale
(fein abgerieben)
1 Tl Thymian (fein gehackt)
Salz, Pfeffer

**ERBSENSCHAUMSUPPE MIT SCHWEINSHAXENPRALINEN**
*Eine kühne Kreation, die deutlich die Handschrift des Sternekochs trägt. Hans Liberg war beeindruckt*

**Pralinenpanade**
50 g Mehl
2 Eier (Kl. L)
30 g frische Weißbrotbrösel
70 g Pecannüsse
(geröstet und gehackt)

**Sauce**
100 g süßer Senf
2 El Honig, Chili (Mühle)

**1.** Für die Schweinshaxenpralinen das Gemüse putzen, bzw. schälen, waschen und in grobe Würfel schneiden. 3 l kaltes Wasser mit dem Gemüse und den Gewürzen zum Kochen bringen. Sobald das Wasser kocht, die Schweinshaxe dazugeben und ca. 1 1/2 Stunden leise kochen lassen. Das Fleisch aus dem Fond nehmen. Haut, Fett und Knochen ablösen und wieder in den Fond geben, das Fleisch kleinschneiden und etwas abkühlen lassen. Den Fond auf ca. 3/4 l einkochen lassen und durch ein Sieb passieren. 1/2 l passierten Fond mit dem kleingeschnittenen Fleisch einkochen, bis die Flüssigkeit eine geleeartige Konsistenz hat, restlichen Fond zur Seite stellen.

**2.** In der Zwischenzeit die Butter erhitzen und die Schalottenwürfel darin andünsten. Das Mehl dazugeben, mit der Sahne und dem restlichen Schweinefond auffüllen und kurz aufkochen. Zu dem Fleisch mit dem gelierten Fond geben und so lange kochen, bis eine dickflüssige Masse entsteht. Eventuell mit Salz abschmecken. Majoran und Petersilie dazugeben. Die Masse in einer mit Klarsichtfolie ausgelegten flachen Form ca. 1,5 cm hoch einfüllen und zugedeckt im Kühlschrank über Nacht fest werden lassen.

**3.** Für die Erbsensuppe die Erbsen mit den Schalottenwürfeln im heißen Butterschmalz anschwitzen und mit Weißwein ablöschen. Kurz aufkochen und mit dem Geflügelfond und 50 ml Sahne auffüllen. Die Limettenschale dazugeben und ca. 30 Minuten leise kochen. Die Suppe so mit dem Schneidstab pürieren, daß noch ganze Erbsen als Einlage zurückbleiben. Die restliche Sahne steif schlagen und kurz vor dem Servieren unterheben. Mit Thymian, Salz und Pfeffer würzen.

**4.** Die erstarrte Schweinshaxenmasse aus der Form stürzen und in 24 gleich große Würfel schneiden (ca. 2x2 cm). Diese erst in Mehl, danach in den verquirlten Eiern und zuletzt in der Mischung aus Weißbrot und Pecannüssen wälzen. Die Pralinen in heißem Butterschmalz ausbacken, auf Küchenpapier abtropfen lassen und zu der Suppe servieren. Senf, Honig und Chili verrühren und über die Schweinshaxenpralinen geben.

**Zubereitungszeit:** 3 Stunden (plus Kühlzeiten)
**Pro Portion** 56 g E, 94 g F, 53 g KH = 1290 kcal (5405 kJ)

## PROFI-TIP

### Schnelle Suppeneinlagen

Drei unkomplizierte Vorschläge vom Meister zum Anreichern einer Erbsenschaumsuppe:
Für pochierte Wachteleier die Eier vorsichtig anstechen, jeweils in einen Löffel aufschlagen und in 80 Grad heißes Salzwasser gleiten lassen.
Für würzig gedämpfte Garnelen einen Sud aus Weißwein, Wermut, Knoblauch, Schalotten, Rosmarin und Thymian herstellen und die geschälten Garnelen in einem Dämpfeinsatz darüber garen.
Eine delikate Lachseinlage erhalten Sie wie folgt: Räucherlachsscheiben auf Klarsichtfolie ausbreiten, mit Crème fraîche bestreichen, mit gehacktem Dill und abgeriebener Limettenschale bestreuen und mit Hilfe der Folie aufrollen. Die Rolle kurz ins Tiefkühlfach legen, dann vorsichtig in Scheiben schneiden und in die Suppe geben.

# Kalbsbäckchen: mit viel Wein geschmort
## *Hardy Rodenstock*

**KALBSBACKE**
*Lange verschmäht, heute wiederentdeckt. Der Weinkenner und -händler Rodenstock mag Deftiges*

## Geschmorte Kalbsbäckchen

Für 4 Portionen:
150 g Möhren
100 g Staudensellerie
100 g Schalotten
8 Kalbsbacken (à 300 g)
Salz, Pfeffer
20 g Mehl
2 El Öl
20 g Butter
1 El Tomatenmark
500 ml Rotwein
1/2 Bund Thymian
2 gepellte Knoblauchzehen
1–2 Bund glatte Petersilie
2 El Speisestärke

**1.** Die Möhren schälen und grob würfeln. Den Staudensellerie putzen und grob würfeln. Die Schalotten pellen und würfeln.

**2.** Die Kalbsbacken sorgfältig von Haut, Fett und Sehnen befreien, salzen, pfeffern und leicht mit 10 g Mehl bestäuben. Das Öl in einem Bräter erhitzen, die Kalbsbacken hineinlegen und von allen Seiten anbraten. Das Öl abgießen, die Butter dazugeben und die Schalotten darin andünsten, Möhren, Sellerie und Tomatenmark dazugeben und mitrösten. Dann das Mehl darüberstäuben und leicht anrösten. Mit dem Rotwein ablöschen. Thymian, Knoblauch und die Petersilienstiele dazugeben, mit 200 ml Wasser auffüllen und im vorgeheizten Backofen bei 180 Grad 2 Stunden schmoren (Gas 2–3, Umluft 160 Grad).

**3.** Das Fleisch aus dem Bräter nehmen und warm stellen. Die Sauce durch ein feines Sieb passieren. Die Speisestärke mit etwas kaltem Wasser anrühren und die Sauce damit binden. Die Kalbsbäckchen mit der Sauce servieren.
Dazu paßt Rotkohl.

**Zubereitungszeit: 2 Stunden, 40 Minuten**
**Pro Portion** 57 g E, 28 g F, 8 g KH = 546 kcal (2286 kJ)

Am Anfang war das Bier. Damals, als der Student den Ritualen seiner Burschenschaft frönte. Viel später erst kam der Wein und mit dem Wein der Ruhm. Da hatte Rodenstock schon bewiesen, daß er nicht nur eine Nase für Getränke, sondern auch ein Händchen für Geschäfte hat und als Musikagent viel Geld verdient.

Heute ist der 57jährige der berühmteste private Weinsammler und -händler und einer der großen Feintrinker dieser Welt. Seine Raritätenproben sind legendär, auf seiner sensorischen Festplatte muß er wohl Tausende von Duft- und Geschmackseindrücken gespeichert haben. Wie schafft man das? „Trinken, trinken, trinken", antwortet der stets weißmanschettig Gewandete (wg. Hintergrund für Weinfarbprüfung) mit typischem, leicht spöttischem Lächeln um die Lippen. Klingt einfach, funktioniert aber nur, wenn man die entsprechende Disposition mitbringt. „Für den einen riecht's nach Brom-, für den anderen nach Himbeere, und der dritte sagt, ‚nee, das ist typisch schwarze Johannisbeere.' Eigentlich ist es Wurscht, was man da hineininterpretiert, man muß es nur speichern können und dann bei Proben die innere Schublade ziehen."

Wie kommt jemand, der tagtäglich mit edlen Kreszenzen umgeht, zur Kalbsbacke? „Von den rosa Entenbrüstchen bin ich weg, und von der Seezunge mit Hummerschaum. Ich bin wieder so wie bei Oma, mit der halben Ente aus dem Rohr." Trinkt er etwa auch noch Bier? „Aber sicher, mit einem schönen Eisbein ist das was Wunderbares. Aber ich kann heute bei einer Bierblindprobe unter zehn Sorten meine zwei Favoriten herausschmecken."

*„Bei Blindproben sind wir alle schon vorgeführt worden, von Parker über Johnson bis Broadbent – sonst wär's ja auch langweilig."*

**HARDY RODENSTOCK**

## Kalbsschwanz-Soufflé

Für 4 Portionen:
70 g Möhren
50 g Knollensellerie
70 g Porree
30 g Zwiebeln
1,4 kg Kalbsschwanz
(beim Metzger vorbestellen)
70 g Butterschmalz
1/2 Bund Thymian
3 Zweige Rosmarin
1 El Tomatenmark
750 ml Kalbsfond
400 ml Weißwein
50 g Schalotten
1 Apfel (200 g)
100 g altbackene Brötchen
1/2 Bund Salbei
6 Eier (Kl. L)
Salz, Pfeffer, Chili (Mühle)
10 g Butter
30 g Semmelbrösel

**1.** Möhren und Sellerie schälen, Porree halbieren und waschen. Zwiebeln pellen, alle Gemüse in grobe Würfel schneiden.

**2.** Den Kalbsschwanz zwischen den Gelenken auseinanderschneiden. 40 g Butterschmalz in einem Bräter erhitzen und die Kalbsschwanzstücke darin rundherum kräftig anbraten. Das Gemüse, Thymian und Rosmarin dazugeben und anrösten. Das Tomatenmark dazugeben, kurz mitrösten und mit dem Kalbsfond ablöschen. Dann den Weißwein dazugießen. Auf der 2. Einschubleiste von unten in den vorgeheizten Backofen schieben und bei 180 Grad etwa 1 Stunde schmoren (Gas 2–3, Umluft 160 Grad).

**3.** Die Schalotten pellen und fein würfeln. Den Apfel schälen, vierteln, entkernen und grob würfeln. Brötchen in 1 x 1 cm große Würfel schneiden. Restliches Butterschmalz in einer Pfanne erhitzen, die Schalottenwürfel darin anschwitzen, die Apfelwürfel dazugeben und kurz mitdünsten. Brötchenwürfel unterheben und die Pfanne von der Kochstelle nehmen.

**4.** Die fertig gegarten Kalbsschwanzstücke aus dem Bräter nehmen und etwas abkühlen lassen. Das warme Fleisch von den Knochen lösen. Die Sauce durch ein feines Sieb gießen und auf 200 ml einkochen. 125 ml von der eingekochten Sauce zurückbehalten. Die restliche Sauce zum Fleisch geben und nochmals aufkochen.

**5.** Die Salbeiblätter abzupfen und in feine Streifen schneiden. Die Eier trennen. Eigelb unter das Fleisch rühren, dann die Mischung aus Schalotten, Apfel, Brötchen und den Salbei vorsichtig unterheben. Eiweiß mit 1 Prise Salz steif schlagen und ebenfalls unterheben. Mit Salz, Pfeffer und Chili abschmecken.

**6.** 4 Souffléformen (à 300 ml Inhalt) mit der Butter auspinseln und mit Semmelbröseln ausstreuen. Die Masse einfüllen und die Förmchen in die mit etwas Wasser gefüllte Saftpfanne stellen. Im vorgeheizten Backofen bei 200 Grad auf der untersten Einschubleiste 25–30 Minuten garen (Gas 3, Umluft 180 Grad). Die Soufflés etwas abkühlen lassen, dann aus den Förmchen stürzen. Mit der Sauce und Kürbiskernkartoffeln (siehe folgendes Rezept) servieren.

**Zubereitungszeit:** 2 1/2 Stunden
**Pro Portion** 45 g E, 38 g F, 26 g KH = 662 kcal (2771 kJ)

**KALBSSCHWANZ-SOUFFLÉ**
**Herzhaft und fein zugleich – ein Musterbeispiel Laferscher Kochkunst**

## Kürbiskern-kartoffeln

Für 4 Portionen:
500 g kleine Kartoffeln
100 g Kürbiskerne
2 Eier (Kl. L), 50 g Mehl
50 g Butterschmalz

**1.** Die Kartoffeln in der Schale kochen.

**2.** Die Kürbiskerne fein hacken, die Eier gut verquirlen.

**3.** Die Kartoffeln noch warm pellen. Dann erst im Mehl wenden, dann durch die verquirlten Eier ziehen und in den Kürbiskernen wälzen.

**4.** Das Butterschmalz in einer Pfanne erhitzen. Die Kartoffeln darin ca. 4 Minuten bei mittlerer Hitze braten. Zum Soufflé vom Kalbsschwanz servieren.

**Zubereitungszeit:** 40 Minuten
**Pro Portion** 13 g E, 27 g F, 27 g KH = 410 kcal (1715 kJ)

### PROFI-TIP

**Gemüse gut gewürzt**
**Gehackte Walnußkerne in einer Pfanne rösten, Walnußöl, Salz und Pfeffer dazugeben und über lauwarmen grünen und weißen Spargel geben. Mit Balsamessig und gehackten Kerbelblättchen aromatisieren.**
**Butter heiß werden lassen, gehackte Schalotten und braunen Zucker darin erhitzen und mit frischen Erbsen vermengen. Salzen und pfeffern, frische Minze in Streifen unterrühren, auf Salatherzen geben und mit gehackter Petersilie bestreuen.**
**Mit einem Kugelausstecher Kugeln aus einem Kürbis ausstechen. Gehackte Schalotten in Butter dünsten, Honig, gemahlene Nelken und Salz dazugeben, die Kürbiskugeln langsam und bei geschlossenem Topf darin garen. Zum Servieren mit gehackter Petersilie bestreuen.**

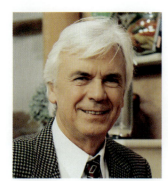

# Sauerkraut und sportliches Know-how
## *Dieter Kürten*

**SZEGEDINER GULASCH**
**Herzhafte Gerichte mit Sauerkraut liebt der Sportmoderator über alles – so wie dieses hier**

## Szegediner Gulasch

Für 4 Portionen:
1,3 kg Schweineschulter
(ohne Schwarte und Knochen)
300 g Zwiebeln
2 kleine Knoblauchzehen
60 g Schweineschmalz
2 gestrichene El Paprikapulver (edelsüß)
1 El Tomatenmark
600 ml Rinderfond
1 Tl Kümmel
dünn abgeriebene Schale von 1/2 Zitrone
2 rote Paprikaschoten (à 200 g)
900 g Sauerkraut
Salz, Cayennepfeffer
1 Becher Schmand (250 g)

**1.** Von der Schweineschulter Fett und Sehnen entfernen, das Fleisch in etwa 4 cm große Würfel schneiden. Die Zwiebeln pellen, halbieren und in dünne Scheiben schneiden. Den Knoblauch pellen und grob würfeln.

**2.** Das Schmalz in einem Schmortopf sehr heiß werden lassen und das Fleisch darin bei starker Hitze rundherum 4 Minuten anbraten. Zwiebeln und Knoblauch dazugeben und leicht bräunen, Paprikapulver und Tomatenmark unterrühren und leicht anrösten. Mit dem Rinderfond auffüllen, Kümmel und Zitronenschale dazugeben. Im geschlossenen Topf bei milder Hitze etwa 1 1/2 Stunden schmoren.

**3.** Inzwischen die Paprikaschoten waschen und putzen, das Fruchtfleisch in grobe Stücke teilen und mit 2 El Wasser im Mixer fein pürieren. Wenn das Fleisch gar ist, mit dem Sauerkraut zum Gulasch geben. Mit Salz und Cayennepfeffer abschmecken und weitere 40 Minuten im geschlossenen Topf bei milder Hitze garen.

**4.** Zum Servieren das Gulasch auf Tellern anrichten und mit dem Schmand begießen. Dazu passen kleine Petersilienkartoffeln.

**Zubereitungszeit: 3 Stunden**
**Pro Portion** 59 g E, 51 g F,
**12 g KH = 750 kcal (3130 kJ)**

Ob gekocht, gedünstet oder roh, ob mit Kartoffelpüree und Frikadellen oder in Form von Szegediner Gulasch – Sauerkraut ißt Dieter Kürten für sein Leben gern. Heute und übermorgen und in vier Tagen wieder könnte es auf dem Tisch stehen – nie würde es ihm langweilig. „Aber wenn's geht, nicht so verfeinert, am liebsten sonnenklar, richtig kräftig nach Sauerkraut schmeckend." Eine Erklärung für sein Sauerkraut-Syndrom hat der lässig-souveräne Sportmoderator nicht. Vielleicht, daß es die Großmutter war, die ihn auf den Geschmack brachte. Damals in Duisburg, wo die Großeltern eine Bäckerei hatten. „Mein Großvater war ein guter Bäcker, die Oma eine gute Köchin – das war die Idealverbindung." Jedenfalls stand der saure Kohl regelmäßig auf dem Speiseplan, ebenso wie Stielmus, Bohnen durcheinander und andere deftige Gerichte der westfälischen Küche. „Damit bin ich groß geworden, und das hat sich gehalten", erzählt Kürten, „ich kann auch heute mit ganz normaler Hausmannskost prima zurechtkommen. Natürlich nicht brutal fettig, sondern modern, klar und lecker gekocht. Leider wird das viel zu selten angeboten."

Was in frühen Jahren der Einfluß der Großmutter für die deftige, das war in den Siebzigern seine Bekanntschaft mit H.-P. Wodarz für die feine Küche. Denn natürlich schätzt Kürten, ein Mann, der oft und gern in geselliger Runde im Restaurant sitzt, auch die Vorzüge französisch orientierter Küchenkunst. „Aber diese gewollte Küche, die hinten und vorne nichts Richtiges ist, das ist nichts für mich. Da esse ich lieber zu Hause ein Käsebrot, mit richtig leckerem altem Holländer. Und trinke ein Pils dazu."

> „Ich brauche keine Exklusivküche –
> ich kann auch mit
> guter Hausmannskost prima
> zurechtkommen."
>
> **DIETER KÜRTEN**

## Sauerkrautpizza mit Schweinshaxe

Für 20 Stücke:
1 Schweinshaxe (ca 1,3 kg)
1 Bund Suppengrün
2 Stangen Staudensellerie mit Grün
1 Zwiebel
3 Knoblauchzehen
1 El Wacholderbeeren
1 El Kümmel
10 weiße Pfefferkörner, Salz
**Hefeteig**
500 g Mehl
1 Würfel Hefe (42 g)
1 Ei (Kl. L)
40 ml Olivenöl
Salz, Öl für das Backblech
etwas Mehl zum Bearbeiten
**Belag**
300 g Sauerkraut
60 g Schalotten
40 g Butterschmalz
2 Lorbeerblätter
Salz, Pfeffer
200 ml Weißwein
2 große Zwiebeln (600 g)
2 Knoblauchzehen
60 g frischer Meerrettich
1/2 Bund Thymian
2 El mittelscharfer Senf
5 Stiele glatte Petersilie
200 ml Schlagsahne
4 Eigelb (Kl. L)
150 g Allgäuer Bergkäse (gerieben)

**SAUERKRAUTPIZZA MIT SCHWEINSHAXE**
*Absolut ungewöhnlich und ausgesprochen schmackhaft – Lafers Kreation zum Thema Sauerkraut*

**1.** Die Haxe in einen Topf geben und mit kaltem Wasser gut bedecken. Das Suppengrün putzen, schälen und grob würfeln. Staudensellerie putzen und in Stücke schneiden. Zwiebel pellen und grob würfeln. Alles mit gepelltem Knoblauch, Wacholder, Kümmel, Pfefferkörnern und Salz zur Haxe geben und ca. 2 1/2 Stunden kochen, bis das Fleisch weich ist.

**2.** Für den Hefeteig das Mehl in eine Schüssel sieben. Zerbröckelte Hefe, Ei, Öl und 220 ml lauwarmes Wasser in die Mitte geben, etwas Salz auf den Mehlrand streuen. Alles zu einem glatten, geschmeidigen Teig verkneten. Mit Klarsichtfolie bedeckt 1 Stunde bei Zimmertemperatur gehen lassen.

**3.** Für den Belag das Sauerkraut abspülen, in einem Geschirrtuch gut ausdrücken und grob zerschneiden. Die Schalotten pellen und fein würfeln. 20 g Butterschmalz erhitzen und die Schalottenwürfel darin andünsten. Lorbeer und Sauerkraut dazugeben, salzen und pfeffern und mit Weißwein ablöschen. Zugedeckt ca. 15 Minuten garen, abkühlen lassen.

**4.** Die Zwiebeln pellen und fein würfeln. 1 Knoblauchzehe pellen und durchpressen. Meerrettich schälen und fein reiben. Thymian von den Stielen zupfen und fein hacken. Das restliche Butterschmalz erhitzen, die Zwiebelwürfel und Knoblauch darin glasig dünsten. Thymian, Senf und Meerrettich dazugeben und etwas abkühlen lassen. Mit Salz und Pfeffer würzen.

**5.** Ein Backblech mit Öl bepinseln. Den Hefeteig daraufflegen und mit Mehl bestäuben. Auf Blechgröße ausrollen und den Teig rundherum als Rand etwas hochdrücken. Die Zwiebelmischung auf dem Teig verteilen.

**6.** Die gegarte Haxe aus dem Sud nehmen und etwas abkühlen lassen. Haut, Fett und Sehnen entfernen. Das magere Fleisch in grobe Würfel schneiden.

**7.** Den restlichen Knoblauch pellen und fein hacken, Petersilie von den Stielen zupfen und fein hacken. Sahne mit dem Eigelb glattrühren, Salz, Pfeffer, Knoblauch und Petersilie dazugeben und mit einem Schneidstab aufmixen.

**8.** Erst das Sauerkraut, dann die Fleischwürfel gleichmäßig auf der Zwiebelmasse verteilen. Den Eierguß darübergießen. Den Bergkäse gleichmäßig daraufstreuen. Die Pizza im vorgeheizten Backofen auf der untersten Einschubleiste bei 200 Grad 10–15 Minuten backen (Gas 3, Umluft 200 Grad). Dazu paßt Eisbergsalat mit Joghurtdressing und Basilikumstreifen.

**Zubereitungszeit:** 3 Stunden
**Pro Stück** 15 g E, 15 g F, 21 g KH = 287 kcal (1200 kJ)

### PROFI-TIP

**Leckere Beignets aus Haxenresten**
Übriggebliebenes Fleisch von der gekochten Schweinshaxe entfetten und 2 cm groß würfeln. Dazu aus Eigelb, Mehl, Milch, Senf, gehacktem Thymian, geriebenem Meerrettich, Salz und Eischnee einen Backteig herstellen, die Fleischwürfel hindurchziehen und goldgelb ausbacken.

Dazu paßt eine scharfe Sauce: Butter erhitzen, Schalotten- und Knoblauchwürfel darin glasig dünsten, mit Essig und Ahornsirup ablöschen. Tomatensaft und Ketchup dazugeben und dicklich einkochen lassen. Mit Salz, Pfeffer und gehackter Petersilie würzen.

# Königsberger Klopse aus Berlin
## *Anita Kupsch*

**KÖNIGSBERGER KLOPSE**
*Der klassische Klops – halb Rind, halb Schwein – in einer Sauce mit Kapern und Sardellen*

## Königsberger Klopse

Für 4 Portionen:
120 g Zwiebeln
1 Knoblauchzehe
1 El Öl, 10 g Butter
1 El glatte Petersilie (gehackt)
400 g Rinderhackfleisch
300 g Schweinehackfleisch
2 altbackene Brötchen
200 ml Milch
4 Sardellen
2 Eigelb (Kl. L), 1 Ei (Kl. L)
Salz, Pfeffer, Muskatnuß
2 Lorbeerblätter
1 Tl weiße Pfefferkörner

**1.** Zwiebeln und Knoblauch pellen, in feine Würfel schneiden. Das Öl mit der Butter erhitzen, die Zwiebel- und Knoblauchwürfel darin glasig dünsten, dann die Petersilie dazugeben. Rinder- und Schweinehackfleisch in eine Schüssel geben, gut mit der Zwiebelmischung vermengen.

**2.** Die Brötchen entrinden und in der warmen Milch einweichen. Ausdrücken und zu dem Hackfleisch geben. Die Sardellen fein hacken, mit dem Eigelb und dem Ei in die Hackfleischmasse geben. Mit Salz, Pfeffer und Muskat würzen und zu einer glatten Masse verkneten.

**3.** Aus der Hackfleischmasse gleich große Klöße formen. Ca. 1 1/2 l Wasser mit Lorbeer, Salz und Pfefferkörnern zum Kochen bringen und die Klöße 10–15 Minuten bei milder Hitze gar ziehen lassen. Die Königsberger Klopse in die Sauce geben (siehe folgendes Rezept) und alles noch einmal kurz erhitzen. Dazu passen Salzkartoffeln.

**Zubereitungszeit: 40 Minuten**
**Pro Portion** 42 g E, 41 g F,
15 g KH = 594 kcal (2486 kJ)

## Sauce für Königsberger Klopse

Für 4 Portionen:
40 g Butter, 50 g Mehl
400 ml Rinderfond
250 ml Schlagsahne
150 ml Milch
1 El Sardellen (gehackt)
75 g Kapern
3 cl Weißweinessig
Salz, Pfeffer, Muskatnuß

**1.** Die Butter in einem Topf schmelzen. Das Mehl durch ein Sieb dazugeben und unter Rühren etwas anschwitzen. Mit dem Rinderfond auffüllen, dabei kräftig rühren, damit sich keine Klumpen bilden. Die Sahne und die Milch dazugießen, einmal aufkochen und ca. 5 Minuten einkochen lassen.

**2.** Sardellen, abgetropfte Kapern und Weißweinessig dazugeben und mit Salz, Pfeffer und Muskat abschmecken.

**3.** Die Königsberger Klopse in die leicht köchelnde Sauce geben und noch einmal aufkochen.

**Zubereitungszeit: 15 Minuten**
**Pro Portion** 7 g E, 32 g F,
23 g KH = 408 kcal (1711 kJ)

Unkompliziert, direkt, ein bißchen keck und dabei herzlich – in ihren Fernseh- und Theaterrollen ist Anita Kupsch abonniert auf die sogenannte Berliner Schnauze mit Herz. Ihr kulinarisches Profil paßt dazu wie gewachsen: Die Welt der Haute Cuisine ist ihre Sache nicht, lieber geht sie zum Italiener um die Ecke oder greift bei Dreharbeiten beherzt zur Currywurst: „Dieses Catering-Zeugs, was es da gibt, mag ich nicht. Dann lieber dreimal am Tag 'ne scharfe Wurst, und ich bin fit wie'n Turnschuh." Schärfe muß sein. Eine kleine Flasche Chili ist stets zur Hand, auch unterwegs: „Das ist gesund und schmeckt. Ich mache sogar die Königsberger Klopse scharf, wenn ich sie selbst koche."

Und Frau Kupsch kocht gern, für sich und ihren dritten Mann. Bevorzugt ganz in Ruhe im Wochenendhaus an der Unterelbe. Und dann mit Vorliebe Gemüse – „Chicoree in allen Variationen" –, aber auch Fleisch und Geflügel. Letzteres unter der Voraussetzung, daß die Identität des „Lieferanten" getilgt ist. „Ganze Tiere sind nichts für mich. Der Kopf muß wenigstens ab sein, beim Fisch wie beim Fleisch. Ich will ja in der Küche nicht ‚Die toten Augen von London' sehen." Logisch, daß ihr da Gerichte mit Hackfleisch sehr entgegenkommen.

Rezepte sollten nicht kompliziert sein, über exakte Mengenangaben setzt sie sich schon mal hinweg. Ein Bereich fällt völlig flach: „Backen ist so eine Sache, das habe ich nie gelernt, weil ich keinen Kuchen mag. Auch keinen Pudding. Mit Süßem können Sie mich jagen."

*„Dieses Catering-Zeugs am Set mag ich nicht. Dann lieber dreimal am Tag 'ne scharfe Currywurst, und ich bin fit wie'n Turnschuh."*

**ANITA KUPSCH**

## Geflügelbuletten

Für 4 Portionen:
300 g Hähnchenbrustfilet
50 g rote Paprikaschote
30 g Schalotten
2 Knoblauchzehen
40 g frische Ingwerwurzel
1/2 Bund Koriandergrün
30 ml Sesamöl, Pfeffer
2 Eigelb (Kl. L)
Salz

**1.** Das Hähnchenfleisch durch die mittlere Scheibe des Fleischwolfs drehen.

**2.** Paprika waschen, schälen, entkernen und fein würfeln. Schalotten und Knoblauch pellen und fein würfeln. Ingwer schälen und fein würfeln. Koriandergrün abzupfen und fein hacken.

**3.** 20 ml Öl in einer Pfanne erhitzen. Paprika, Knoblauch und Schalotten darin andünsten. Ingwer dazugeben und ebenfalls andünsten. Mit Pfeffer und Koriander würzen. Die Mischung mit dem Eigelb zum Hähnchenfleisch geben und alles gut miteinander vermengen. Mit Salz abschmecken und zugedeckt etwas stehenlassen.

**4.** Mit einem Eisportionierer aus dem Hackfleisch Buletten formen. Das restliche Öl erhitzen, die Buletten in die Pfanne geben und bei milder Hitze von jeder Seite 5–6 Minuten braten. Mit Gurkenspaghetti servieren (siehe folgendes Rezept).

**Zubereitungszeit:** 35 Minuten
**Pro Portion** 20 g E, 12 g F,
2 g KH = 199 kcal (832 kJ)

### SCHWEINE- UND GEFLÜGELBULETTEN
*Dazu pikantes Kumquat-Kompott und erfrischende Gurkenspaghetti – das ist er, der Bulettenteller vom Sternekoch*

## Gurkenspaghetti

Für 4 Portionen:
1 Salatgurke (ca. 400 g)
2 El Balsamessig
4 El Öl, 1 El Zitronensaft
1/2 Bund Dill (gehackt)
Salz

**1.** Die Salatgurke schälen und mit einem Spiralenschneider zu dünnen Spaghetti schneiden. Oder längs halbieren, entkernen und in ganz dünne Streifen schneiden.

**2.** Mit Balsamessig, Öl, Zitronensaft, Dill und Salz mischen und zu den Geflügelbuletten servieren.

**Zubereitungszeit:** 15 Minuten
**Pro Portion** 0 g E, 10 g F,
2 g KH = 101 kcal (423 kJ)

## Schweinebuletten

Für 4 Portionen:
1 altbackenes Brötchen
100 ml Milch
60 g Zwiebeln
2 Knoblauchzehen
30 ml Rapsöl
250 g Schweinemett (ungewürzt)
2 Eigelb (Kl. L)
1 El Majoranblättchen
1/2 El glatte Petersilie (fein gehackt)
1 Msp. Paprikapulver
Salz, Pfeffer, Chili (Mühle)
100 g Kartoffeln

**1.** Das Brötchen in feine Würfel schneiden. Die Milch aufkochen und die Brötchenwürfel darin einweichen.

**2.** Zwiebeln und Knoblauch pellen und fein würfeln. 10 ml Öl in einer Pfanne erhitzen, Knoblauch und Zwiebeln darin goldbraun braten. Das Schweinemett mit dem eingeweichten Brötchen, Eigelb, Knoblauch und Zwiebeln, Majoranblättchen, Petersilie und Paprikapulver vermengen. Mit Salz, Pfeffer und Chili würzen. Etwas stehenlassen.

**3.** Die Kartoffeln schälen und in dünne Scheiben hobeln. Mit einem Eisportionierer aus dem Hackfleisch 4 gleich große Kugeln formen und auf je ein Stück Backpapier legen. Mit einem Löffel etwas flachdrücken und mit den gehobelten Kartoffelscheiben rosettenartig belegen. Das restliche Öl in einer Pfanne erhitzen. Die Buletten mit der Kartoffelseite in das heiße Öl geben und bei mittlerer Hitze ca. 5 Minuten braten. Die andere Seite ebenfalls mit Kartoffelscheiben belegen, wenden und weitere 5 Minuten braten. Das Kumquat-Kompott dazu servieren (siehe folgendes Rezept).

**Zubereitungszeit:** 45 Minuten
**Pro Portion** 16 g E, 25 g F,
11 g KH = 328 kcal (1374 kJ)

## Kumquat-Kompott

Für 4 Portionen:
200 g Kumquats (Zwergorangen)
30 g Schalotten
2 El brauner Zucker
20 g Butter
3 El Weißweinessig
Chili (Mühle), Salz
150 ml Tomatensaft

**1.** Die Kumquats halbieren und entkernen. Die Schalotten pellen und fein würfeln.

**2.** Den Zucker in einer Pfanne schmelzen, Butter darin zerlassen und die Kumquathälften darin anbraten. Dann die Schalotten dazugeben und andünsten. Mit dem Essig ablöschen und mit Chili und Salz würzen. Mit dem Tomatensaft auffüllen und ca. 5 Minuten einkochen lassen. Zu den Schweinebuletten servieren.

**Zubereitungszeit:** 20 Minuten
**Pro Portion** 1 g E, 4 g F,
18 g KH = 120 kcal (500 kJ)

### PROFI-TIP

**Pfannkuchenvariationen** Lafer reichert den einfachen Grundteig aus Milch, Eiern, Mehl und Salz mit verschiedenen Zutaten an und erzielt dadurch neue Geschmacks- und Verwendungsmöglichkeiten. Die Pfannkuchen jeweils langsam in Butterschmalz braten, etwas Soda- oder Mineralwasser macht den Teig besonders locker. Fein *geriebene Möhren und gehackte Pistazien* unter den Teig ziehen: die Pfannkuchen mit Hackfleisch füllen, aufrollen und im Ofen überbacken. Fein geschnittene *Hühnerleber, Thymian, Majoran*, Salz und Pfeffer: in Streifen schneiden und in die Suppe geben. Gehackte *Walnüsse, Kerbel, Schnittlauch*, Petersilie, Salz und Pfeffer: in Quadrate schneiden, in Butter erwärmen und zu Wildgerichten servieren.

# Pasta, Pilze und Politisches
## Petra Gerster

**SPAGHETTI MIT STEINPILZEN**
*Nudeln in jeder Form aß Petra Gerster schon als Kind für ihr Leben gern. Hier die Pasta-Pilz-Variante mit gehobeltem Parmesan*

## Spaghetti mit Steinpilzen

Für 4 Portionen:
300 g kleine, feste Steinpilze
30 g Schalotten
1 Knoblauchzehe
350 g Spaghetti
Salz
50 g Butter
Muskatnuß, Pfeffer
200 ml Schlagsahne
1 El glatte Petersilie
(gehackt)
30 ml geschlagene Sahne
100 g Parmesan

**1.** Die Steinpilze putzen und in Scheiben schneiden. Die Schalotten und den Knoblauch pellen und fein würfeln. Die Spaghetti in kochendem Salzwasser bißfest kochen.

**2.** Die Butter schmelzen und von der Molke trennen. Die geklärte Butter in einer Pfanne erhitzen und die Steinpilze darin gut anbraten. Die Schalotten- und Knoblauchwürfel dazugeben und mit anbraten.

**3.** Die Pilze mit Muskat, Salz und Pfeffer würzen. Die Sahne dazugeben und 3–4 Minuten einkochen lassen. Die gut abgetropften Nudeln in die Pilzsauce geben. Petersilie und geschlagene Sahne unterheben. Mit dem gehobelten Parmesan servieren.

**Zubereitungszeit: 30 Minuten**
**Pro Portion** 23 g E, 39 g F, 63 g KH = 695 kcal (2911 kJ)

Petra Gerster liebt es light. Zu Beginn des Menüs ein Gläschen Champagner, danach ist Mineralwasser angesagt. Geraucht wird eigentlich nicht, bestenfalls „ein bißchen", vielleicht eine Light-Zigarette oder zwei. Und von den Küchen dieser Welt schätzt sie besonders die japanische, gefolgt von Pasta und Gemüse all'Italiana. „Man sieht in Tokio nur grazile Menschen auf der Straße", berichtet sie beeindruckt, „jedenfalls habe ich dort in neun Tagen nicht einen Dicken gesehen."

Bei allem, was die schlanke Nachrichtenfrau zu sich nimmt, wird auf Herkunft und Qualität geachtet. Petra Gerster, die nach dem Umzug von München nach Mainz erst mal länger nach guten Viktualien-Quellen suchen mußte, hat in einer Art Dreiviertel-Vegetariertum ihre kulinarische Façon gefunden. Spätestens nach ihrer Arbeit für die Sendung „Achtung, lebende Tiere" hat das nicht nur diätetische, sondern auch ethische Gründe.

Doch sie ist keine „Tofu-Körner-Frau", das wäre ihr „geschmacklich viel zu langweilig". Außerdem ist da ihr fränkischer Mann. Erstens ist er derjenige, der zu Hause mit Lust und Muße kocht – „Der kann Fonds kochen, bis die Feuerwehr kommt" – und dabei nicht vom Fleischlichen lassen mag. Und zweitens sorgt er für gelegentliche Ausflüge ins Nürnbergische, zu allerlei verwandtschaftlichen Anlässen. „Da gibt es dann die fränkischen Bratenplatten, mit Bergen von Rind-, Schweine- und Kalbfleisch und Klößen dazu", erzählt Frau Gerster halb fasziniert, halb irritiert. „Ohne Schnaps überlebt man das nicht. Da vertrage ich Alkoholmengen, die mich sonst zusammenbrechen ließen." Ab und an darf's also auch bei ihr ruhig mal heavy zugehen.

*„Ich esse nur wenig Fleisch.*
*Aber ich bin keine Tofu-Körner-Frau,*
*das wäre mir*
*geschmacklich viel zu langweilig."*

**PETRA GERSTER**

# Pilzmaultaschen auf Kohlrabischaum

Für 4 Portionen:

**Teig**
200 g Mehl
50 g Hartweizengrieß
2 El Öl , 1 Prise Salz
5 Eigelb (Kl. L)
je 1 El Thymian und
Rosmarin (fein gehackt)
Mehl zum Bearbeiten

**Füllung**
70 g rosa Champignons
70 g Steinpilze
70 g Shiitake-Pilze
60 g Schalotten
2 Knoblauchzehen
40 g Walnüsse
30 ml Rapsöl
Salz, Pfeffer
1 El glatte Petersilie
(fein gehackt)
2 Eigelb (Kl. L)

**Kohlrabischaum**
1 Kohlrabi (ca. 200 g)
20 g Butter
60 g Schalotten (gewürfelt)
1 Knoblauchzehe (gewürfelt)
Salz, Pfeffer
1 Tl Thymianblätter
50 ml Weißwein
200 ml Gemüsefond
150 ml Schlagsahne
4 El geschlagene Sahne

**Rote-Bete-Stroh**
200 g Rote Bete
Öl zum Fritieren

**PILZMAULTASCHEN
AUF
KOHLRABISCHAUM**
*Feine Füllung
aus dreierlei Pilzen,
sahniger Kohlrabi-
schaum, kroß
fritierte Rote Bete*

**1.** Für den Teig alle Zutaten und 4–5 El kaltes Wasser in der Küchenmaschine zu einem glatten Teig verrühren. Eventuell mit der Hand noch einmal durchkneten. In Klarsichtfolie wickeln und im Kühlschrank 1 Stunde ruhenlassen.

**2.** Für die Füllung alle Pilze putzen und grob würfeln. Schalotten und Knoblauch pellen und fein würfeln. Walnüsse fein hacken. Das Öl in einer Pfanne erhitzen, die Pilzwürfel dazugeben und kräftig anbraten. Schalotten, Knoblauch und die Walnüsse dazugeben und mit andünsten, bis alles eine goldbraune Farbe angenommen hat. Kräftig mit Salz und Pfeffer würzen, die Petersilie unterheben. Die Pilze von der Kochstelle nehmen und abkühlen lassen. 1 Eigelb unter die abgekühlten Pilze heben.

**3.** Den Teig halbieren. Eine Hälfte mit etwas Mehl bestäuben und flachdrücken. Dreimal mit immer engerem Abstand durch die Nudelmaschine drehen, dann quer halbieren und beide Bahnen noch einmal durchdrehen. Jeweils 1 El Füllung im Abstand von ca. 10 cm auf eine ausgerollte Nudelbahn geben. Rund um die Füllung den Teig mit dem restlichen verquirlten Eigelb bestreichen. Die zweite Teigbahn darauflegen und etwas andrücken. Mit einem Ravioliausstecher (8 cm Ø) Maultaschen ausstechen. Den verbliebenen Teig wieder zusammenkneten, und diesen Vorgang wiederholen, bis der gesamte Teig und die Füllung verbraucht sind. Abgedeckt bis zur weiteren Verwendung zur Seite stellen.

**4.** Für den Kohlrabischaum den Kohlrabi großzügig schälen und in grobe Stifte zerteilen. Die zarten Blätter in feine Streifen schneiden und abgedeckt zur Seite stellen. Die Butter erhitzen, Schalotten- und Knoblauchwürfel darin ohne Farbe anschwitzen. Den Kohlrabi dazugeben, andünsten, salzen und pfeffern. Die Thymianblättchen dazugeben. Mit dem Weißwein ablöschen, kurz aufkochen, mit dem Gemüsefond und Sahne auffüllen und 30 Minuten einkochen. Dann mit dem Schneidstab durchmixen, durch ein Sieb gießen und die Rückstände gut ausdrücken.

**5.** Die Rote Bete schälen, erst in dünne Scheiben, dann in feine Streifen schneiden. Mit Küchenpapier gut abtrocknen. Das Öl auf 190 Grad erhitzen. Die Rote-Bete-Streifen 1–2 Minuten ausbacken und auf Küchenpapier abtropfen lassen.

**6.** Die Maultaschen im kochendem Salzwasser 5–8 Minuten gar ziehen lassen. Aus dem Kochwasser nehmen und in eine Pfanne ohne Fett geben. Kohlrabischaum über die Maultaschen gießen, erwärmen, die geschlagene Sahne und die Kohlrabiblätter zu den Maultaschen geben. Das Rote-Bete-Stroh auf den Maultaschen verteilen.

**Zubereitungszeit: 2 Stunden**
**Pro Portion** 20 g E, 70 g F,
**61 g KH = 950 kcal (3978 kJ)**

## PROFI-TIP

***Fritieren von Gemüse und Kräutern***
*Drei Vorschläge vom Meister: Geputzte* Frühlingszwiebeln *bis zur Verdickung längs achteln und in kaltes Wasser legen – sie gehen dann auf wie eine Blüte. Tempurateig (Asienläden) mit Eiswasser dünn anrühren, die Frühlingszwiebeln aufspießen, kurz durch Mehl, dann durch den Teig ziehen, in heißem Fett langsam ausbacken und auf Küchenpapier abtropfen lassen. Geht auch gut mit Zucchini- oder Auberginenscheiben – mit einem Dip eine leichte Vorspeise. Grüne Teile von* Porree *in ca. 5 cm breite Stücke schneiden, mit einem scharfen Messer waagerecht halbieren, aufrollen, in feine Streifen schneiden und ausbacken. „Porree-, Sellerie- oder Karotten-Stroh" ist eine dekorative, aromatische Beilage zu Fisch- und Fleischgerichten. Auch Salat eignet sich zum Fritieren. Dafür z. B.* Raukeblätter *in Streifen schneiden, fritieren, abtropfen lassen und auf Kartoffelbrei geben. Geht auch mit Salbei oder Petersilie.*

# Auflauf schlicht, Auflauf fein
## Winfried Glatzeder

**SEMMELAUFLAUF**
**Ein schlichtes, aber wohlschmeckendes Resteessen, mit Äpfeln oder Birnen und Vanillesauce**

## Semmelauflauf

Für 4 Portionen:
300 g altbackene Brötchen
3 Eier (Kl. L)
125 ml Milch
100 ml Schlagsahne
75 g Zucker
250 g Äpfel oder Birnen
50 g Butter
100 g Mandelblättchen
50 g Rosinen

**1.** Brötchen in dünne Scheiben schneiden. Die Eier trennen, Eigelb mit Milch, Sahne und 30 g Zucker gut verrühren.

**2.** Die Äpfel oder Birnen schälen, entkernen und in dünne Scheiben schneiden. 20 g Butter in einer Pfanne erhitzen und die Obstscheiben darin 2–3 Minuten andünsten.

**3.** Eiweiß mit 30 g Zucker steif schlagen und unter die Eiersahne heben. Mit der restlichen Butter eine Gugelhupfform ausbuttern und mit dem restlichen Zucker ausstreuen.

**4.** Brötchenscheiben mit den angedünsteten Obstscheiben, Mandeln und Rosinen vermengen und in die Gugelhupfform geben. Mit der Eiermasse übergießen und im vorgeheizten Backofen auf der 2. Einschubleiste von unten bei 180 Grad (Gas 2–3, Umluft 160 Grad) ca. 40 Minuten backen.

**5.** Dann den Semmelauflauf in der Form ca. 5 Minuten ruhenlassen. Aus der Form stürzen und mit einer Vanillesauce servieren.

**Zubereitungszeit:** 1 Stunde
**Pro Portion** 18 g E, 39 g F, 75 g KH = 728 kcal (3049 kJ)

Ein wenig enttäuscht war er anfangs schon. Statt „nur" bekocht zu werden, hätte er auch selbst ganz gern vor der Kamera gekocht. So wie in diversen anderen TV-Sendungen, in denen er schon Gast war. Aber das war bald vergessen. Es ist nämlich so: Winfried Glatzeder ißt gern, er trinkt gern, er hat auch schon selbst so allerhand gekocht – hauptsächlich Alltagsküche für seine Kinder –, aber er läßt sich auch gern bedienen und genießt es zu beobachten, was andere am Herd veranstalten. So wie im japanischen Restaurant, wenn der Herr der heißen Platte das Teriyaki zelebriert: „Das liebe ich. Eigentlich ist es profan, aber es macht Spaß. Und ist mir lieber als dieses Formelle, Langwierige, Teure in manchen Restaurants."

Schlicht oder aufwendig, kochen oder kochen lassen – der ob seiner charakteristischen Physiognomie auch „Belmondo des Ostens" genannte Schauspieler steht vor allem auf Gemüse, Fisch und Kräuter: „In der DDR gab es Schnittlauch und Petersilie. Rosmarin, Thymian oder Estragon kannte man nur aus Büchern."

Lang ist's her, wirkt aber bis heute nach. Die damalige Küche mit Soljanka und Sättigungsbeilage bringt Glatzeder griffig auf die Formel „reduzierte Spießerküche, angereichert mit russischer Folklore, untermalt von Pußtaklängen und runtergespült mit Rosenthaler Kadarka und Nordhäuser Korn". Die letztgenannten Getränke sind längst Vergangenheit, heute trinkt der Winfried Glatzeder gern mal einen Rioja oder Chablis – Weine, die er auch im optimal temperierten Keller seines Anwesens am Rande Berlins lagern könnte: „Da ist Platz für 400 Flaschen, aber mehr als sechs sind selten im Regal."

*„Meine Kochkünste sind aus der Not geboren. Eigentlich bin ich faul – ich würde nie freiwillig kochen."*

**WINFRIED GLATZEDER**

## Mandelauflauf mit Vanillesabayon

Für 4 Portionen:
**Hefeteig**
125 ml Milch
12 g frische Hefe
35 g Zucker, 250 g Mehl
abgeriebene Schale von
1/2 Zitrone und
1 unbehandelten Orange
1/2 El Zimtpulver
1 Eigelb
30 g zimmerwarme Butter
Salz
Mehl zum Bearbeiten
**Mandelmasse**
4 altbackene Brötchen
50 g Butter
100 g Honig
70 g Mandelblättchen
50 g Rosinen
1 Apfel (ca. 160 g)
1 Birne (ca. 150 g)
1 El Zitronensaft
50 g Zucker
4 cl Apfelschnaps
**Guß**
500 ml Milch
3 Eier (Kl. L)
Mark von 1 Vanilleschote
250 g Magerquark
60 g Zucker
**Vanillesabayon**
200 ml Milch
2 Vanilleschoten
5 Eigelb (Kl. L)
80 g Zucker
6 cl brauner Rum
**Außerdem**
je 20 g weiche Butter
und Zucker für die Form

**MANDEL-AUFLAUF MIT VANILLESABAYON**
Leicht, locker, luftig – die Lafer-Variation des Auflaufthemas

**1.** Für den Teig die lauwarme Milch in eine Schüssel geben, Hefe und Zucker darin auflösen. 100 g gesiebtes Mehl dazugeben und alles glattrühren. Diesen Vorteig mit Klarsichtfolie bedeckt bei Zimmertemperatur etwa 20 Minuten gehen lassen. Danach das restliche Mehl mit Zitronen- und Orangenschale, Zimtpulver und Eigelb zum Vorteig geben und gut durchkneten. Die zimmerwarme Butter und 1 Prise Salz dazugeben und nochmals gut durchkneten. Den Teig mit einem Spatel zusammendrücken, mit Klarsichtfolie abdecken und nochmals an einem warmen Ort in etwa 1 Stunde auf die doppelte Größe aufgehen lassen.

**2.** Für die Mandelmasse die Brötchen in 1 cm große Würfel schneiden. Die Butter in einem Topf erhitzen, den Honig und die Mandelblättchen dazugeben und hellbraun karamelisieren lassen. Die Brötchenwürfel dazugeben und darin goldbraun rösten. In eine Schüssel füllen und abkühlen lassen. Dann die Rosinen unterheben. Apfel und Birne schälen, halbieren, vom Kerngehäuse befreien und in dünne Scheiben schneiden. Mit dem Zitronensaft beträufeln. Den Zucker in einer Pfanne schmelzen und mit dem Apfelschnaps ablöschen. Die Äpfel- und Birnenscheiben dazugeben und darin glasieren. Unter die Brotmasse heben.

**3.** Der Hefeteig auf der bemehlten Arbeitsfläche 1/2 cm dick auf ca. 30x30 cm ausrollen, mit einem Teigrädchen in ca. 2 cm große Würfel schneiden und unter die Brotmasse heben. Eine Auflaufform mit der Butter auspinseln und mit dem Zucker ausstreuen. Teig-Brot-Masse in die Form geben, mit Klarsichtfolie abdecken und nochmals ca. 5 Minuten gehen lassen.

**4.** Für den Eierguß Milch, Eier, Vanillemark, Quark und Zucker mit dem Schneebesen gut verrühren und über den Auflauf gießen. Den Auflauf im vorgeheizten Backofen auf der 2. Einschubleiste von unten bei 180 Grad 45–50 Minuten backen (Gas 2–3, Umluft 160 Grad).

**5.** Für den Vanillesabayon die Milch mit den ausgekratzten Vanilleschoten und dem Mark aufkochen. Von der Kochstelle nehmen und abkühlen lassen.

**6.** Eigelb mit dem Zucker über einem heißen Wasserbad cremig aufschlagen, die Vanillemilch durch ein Sieb dazugießen und cremig schlagen. Zum Schluß den Rum dazugeben. Zu dem Mandelauflauf servieren.

**Zubereitungszeit:** 2 1/2 Stunden
**Pro Portion** 42 g E, 60 g F, 183 g KH = 1502 kcal (6291 kJ)

## PROFI-TIP

*Kalter Hefeteig*
**Im Gegensatz zum herkömmlichen Hefeteig gelingt Lafers kalt angerührter Hefeteig ohne Probleme. Dafür einfach Milch, Zucker, Hefe, Mehl und Eier in der Küchenmaschine verkneten. Dann etwas kalte Butter und 1 Prise Salz dazugeben und nochmals durchkneten, bis der Teig ganz glatt ist. Zum Gehen kommt der Teig in den Kühlschrank, am besten über Nacht. Durch die niedrige Temperatur geht der Teig sehr langsam auf, wird sehr feinporig und ist dadurch optimal geeignet für saftiges Hefeteiggebäck wie Brioche oder Gugelhupf. Für Brioche den Teig in entsprechende Formen geben, mit Klarsichtfolie abgedeckt bei Raumtemperatur nochmals gehen lassen, dann mit Wasser und Eigelb einpinseln und 20 Minuten bei 180 Grad backen.**

**Variationen: etwas Kräuterpaste unter den Teig rühren – Brioche mit Geflügelleber als Vorspeise servieren. Rosinen und Korinthen im Teig – paßt gut zu Terrinen und Pasteten. Für einen Gugelhupf geriebene Orangen- und Zitronenschale, Rosinen und gehackte Walnüsse in den Teig einarbeiten, den Teig in eine gebutterte Gugelhupfform geben, mit Klarsichtfolie abdecken und nochmals aufgehen lassen. Im vorgeheizten Backofen ca. 1 Stunde bei 180 Grad backen.**

# Der Koch, der Dichter, seine Frau und die Frikadelle
## *Walter Kempowski*

**FRIKADELLEN**
**Deutsches Beefsteak, Bulette, Fleischpflanzerl oder Klops – die Vielfalt der Namen ist Indiz für die Beliebtheit dieses deutschen Klassikers**

## Frikadellen

Für 4 Portionen:
100 g altbackene Brötchen
60 g Zwiebeln
500 g gemischtes Hackfleisch
500 g Schweinemett (ungewürzt)
3 Eier (Kl. L)
Salz, Pfeffer, Muskatnuß
30 g Butterschmalz
1/2 Bund glatte Petersilie
20 g Butter

**1.** Die Brötchen entrinden und in kaltem Wasser einweichen. Zwiebeln pellen und fein würfeln.

**2.** Hackfleisch mit Mett, Eiern, Zwiebelwürfeln und den ausgedrückten Brötchen zu einer glatten Masse verkneten. Mit Salz, Pfeffer und Muskat würzen. Aus der Masse 12 gleich große Frikadellen formen.

**3.** Das Butterschmalz in einer Pfanne erhitzen. Die Frikadellen bei mittlerer Hitze rundherum 8–10 Minuten braten. Petersilie abzupfen und fein hacken. Nach Ende der Bratzeit die Butter und die gehackte Petersilie dazugeben. Dazu passen Bratkartoffeln.

**Zubereitungszeit:** 30 Minuten
**Pro Portion** 55 g E, 58 g F, 14 g KH = 792 kcal (3319 kJ)

Walter Kempowski ist ein Kapitel für sich. Er kann mürrisch sein und mäkelig, verschlossen wie eine Auster und vernichtend in seinen Urteilen. Auch und gerade in Eß- und Trinkangelegenheiten. Beispiel: „Im Grunde ist das Essen bei uns in Deutschland eine einzige Katastrophe. Das geht ja schon morgens mit den Brötchen los, die knirschen richtig zwischen den Zähnen, von der ganzen Chemie, die da drin ist."

Aber das ist nur der halbe Kempowski. Wer sich durch seine Schroffheit nicht schrecken läßt, erlebt auch andere Facetten des 1929 geborenen Rostocker Reedersohns – den norddeutsch trockenen Humor und die lakonische Art, mit der er seine kulinarische Biographie wiedergibt: „Die Hälfte meines Lebens habe ich gehungert. Als Kind in den harten dreißiger Jahren gab es ‚Fliegensuppe', eine Erfindung meiner Mutter aus Grieß, Wasser und Rosinen. Die haben wir mit Todesverachtung gegessen. Später, im Zuchthaus in Bautzen, kriegte man morgens Wassersuppe, mittags Eintopf aus Kaldaunen und Salzmöhren und abends ein Stück Brot. Als Student mit wenig Geld in Göttingen, da ging man in die Mensa zu Kartoffeln mit Sauce. 1960 dann wurde ich Dorflehrer und aß im Gasthaus. Das war das erste Mal in meinem Leben, daß ich richtig was zu essen bekam. Da bin ich aufgegangen wie ein Hefekloß."

Heute hält sich der „Chronist des deutschen Bürgertums" an einige bewährte kulinarische Konstanten: die Seezunge im Hamburger Hotel „Vier Jahreszeiten" („Auch die hausgemachten Petits fours sind dort sehr gut"), das griechische Restaurant in der Kleinstadt nahe seinem Wohnort, neue Kartoffeln mit Spargel und Butter, eine Fleischbrühe, „wie nur meine Frau sie machen kann, mit Schinken und ganz fein abgestimmt – einfach wunderbar".

Oder eben Frikadellen. Nach der ehernen Regel „Bäckerei, Fleischerei, eins zu eins". Eine Formel, der Johann Lafer nicht Folge leisten mochte. Trotzdem oder gerade deshalb erhielt der Koch vom Schriftsteller hinterher einen herzlichen Dankesbrief.

> „Als Kind gab es ‚Fliegensuppe', eine Erfindung meiner Mutter aus Grieß, Wasser und Rosinen. Die haben wir mit Todesverachtung gegessen."
>
> **WALTER KEMPOWSKI**

## Gemüsepfanne mit Kalbsfrikadellen

Für 4 Portionen:
1 gelbe Zucchini (ca. 150 g)
1 grüne Zucchini (ca. 150 g)
1 Aubergine (ca. 300 g)
150 g rote Paprikaschote
150 g grüne Paprikaschote
2 Fleischtomaten
(à ca. 200 g)
4 Knoblauchzehen
60 g Schalotten
50 g Zwiebeln
20 g Butter
1 El Butterschmalz
2 El glatte Petersilie
(gehackt)
500 g Kalbshackfleisch
4 Scheiben Weißbrot
1/8 l Milch
60 g getrocknete Tomaten
2 Eigelb (Kl. L), 1 Ei (Kl. L)
Salz, Pfeffer, Muskatnuß
50 ml Olivenöl
je 1/2 El Thymianblättchen
und Rosmarinnadeln
(gehackt)
1 Tl Paprikapulver (edelsüß)
200 ml Tomatensaft
1/2 Bund Basilikum (in feine
Streifen geschnitten)
10 ganze Basilikumblätter
200 g Mozzarella

**GEMÜSEPFANNE MIT KALBSFRIKADELLEN**
*Mit südlichem Gemüse, mit Mozzarella überbacken – Lafers Kür zum Thema Hackfleisch*

**1.** Zucchini und Aubergine in 1 cm dicke Scheiben schneiden. Rote und grüne Paprika halbieren, entkernen und in 2 cm große Stücke schneiden.

**2.** Die Tomaten über Kreuz einritzen, mit kochendem Wasser überbrühen, abschrecken, häuten, vierteln und entkernen. 2 Knoblauchzehen und die Schalotten pellen. Knoblauch in dünne Scheiben, Schalotten in Streifen schneiden.

### PROFI-TIP

**Würzvariationen für Hackfleisch**
Hack ist, was man daraus macht, meint Johann Lafer und hat drei Vorschläge. Für *Schweinsfrikadellen* Hackfleisch vom Schwein mit Zwiebeln, viel Knoblauch, 1 Ei, etwas Kümmel, Salz, viel Pfeffer, in heißer Milch eingeweichtem Brötchen und Koriandergrün vermengen und zu Frikadellen formen. Mit ein paar Zweigen Thymian und Rosmarin langsam braten.
Eine Mischung für *Kalbsbällchen*: Kalbfleischhack, eingeweichtes Brötchen, angebratene Schalotten, Zitronen-

**3.** Zwiebeln und restlichen Knoblauch pellen und fein würfeln. In der Butter und im Butterschmalz glasig dünsten und mit der Petersilie zum Hackfleisch geben. Das Weißbrot entrinden, in 1/2 cm große Würfel schneiden und mit der warmen Milch übergießen. Die getrockneten Tomaten würfeln und mit dem ausgedrückten Brot, Eigelb und Ei zum Hackfleisch geben. Alles gut vermischen und

schale, 1 Ei, Petersilie, Kapern, gehackte Sardellen und etwas Salz. Wasser mit vielen Kräutern und Salz aufkochen, die Kalbsbällchen darin gar ziehen lassen. Als Suppeneinlage oder mit Kartoffeln und einer Cremesauce servieren.
Für *Cevapcici* je 1/3 Rind-, Schweine- und Lammhack mit Chili, Schalotten, Knoblauch, Petersilie, 1 Ei, Thymian und Paprikapulver verkneten. Masse in einen Spritzbeutel geben und Stränge auf die Arbeitsplatte spritzen. Mit dem Messer zerteilen, mit geölten Händen nachformen und in einer Grillpfanne braten. Dazu paßt Krautsalat.

mit Salz, Pfeffer und Muskat kräftig würzen. Mit einem Eisportionierer gleich große Frikadellen formen.

**4.** Die Paprikastücke und Schalottenstreifen in 3 El heißem Olivenöl anbraten. Zucchini- und Auberginenstücke und Knoblauchscheiben dazugeben und kurz mitbraten. Pfeffer, Salz, gehackte Kräuter und Paprikapulver darüberstreuen, mit dem Tomatensaft auffüllen und zugedeckt ca. 3 Minuten leise kochen lassen. Die Tomatenviertel und die Basilikumstreifen dazugeben.

**5.** Das restliche Öl in einer Pfanne erhitzen. Die Frikadellen darin bei milder Hitze ca. 2 Minuten von jeder Seite goldbraun anbraten, sie sollten innen noch glasig sein. Mit einem Löffel flachdrücken. Die Frikadellen auf das Gemüse legen und nochmals pfeffern. Die Basilikumblätter und die Mozzarellascheiben auf den Frikadellen verteilen. Im vorgeheizten Backofen auf der 2. Einschubleiste von unten bei 200 Grad ca. 10 Minuten garen (Gas 3, Umluft 180 Grad). Aus dem Ofen nehmen und servieren. Dazu paßt Knoblauchbaguette.

**Zubereitungszeit:** 1 1/2 Stunden
**Pro Portion** 46 g E, 32 g F, 27 g KH = 770 kcal (3228 kJ)

# Käsekuchen: Was aus Kindertagen übrigbleibt
## *Michael Steinbrecher*

**KÄSEKUCHEN**
*aß der Moderator und Filmemacher schon als Kind mit Begeisterung – manchmal sogar bis zum Exzeß*

## *Käsekuchen*

Für 12–14 Stücke:
**Mürbeteig**
200 g Mehl, 120 g Speisestärke
1 Ei (Kl. L), 1 Eigelb (Kl. L)
1/2 Tl Backpulver, 120 g Puderzucker
1/2 Tl Salz, 150 g Butter
Mehl zum Bearbeiten, Fett für die Form
Puderzucker zum Bestäuben
**Füllung**
200 g Zucker, 100 g Mehl
1 Pk. Vanillezucker, 100 ml Milch
5 Eier (Kl. L, getrennt), 800 g Magerquark
abgeriebene Schale von 1 Zitrone
300 g Schlagsahne
Salz, 3 El Speisestärke

**1.** Alle Zutaten für den Mürbeteig in eine Schüssel geben und mit bemehlten Händen oder mit dem Handrührer zu einem glatten Teig verkneten.

**2.** Den Mürbeteig zwischen einer bemehlten Klarsichtfolie 3 mm dünn ausrollen. Eine Springform (28 cm Ø) nur am Boden einfetten. Den Boden mit Backpapier auslegen. Den Teig hineinlegen und am Rand bis zu 3/4 der Höhe andrücken.

**3.** 100 g Zucker, Mehl, Vanillezucker und Milch zu einer zähflüssigen Masse verrühren. Eigelb, Quark und Zitronenschale unterrühren.

**4.** Die Sahne steif schlagen. Das Eiweiß mit 1 Prise Salz halbsteif schlagen, restlichen Zucker und Stärke nach und nach dazugeben und das Eiweiß ganz steif schlagen. Die Sahne und den Eischnee unter die Quarkmasse heben und bis kurz unter den Teigrand in die Form gießen.

**5.** Im vorgeheizten Backofen auf der 2. Einschubleiste von unten bei 170 Grad insgesamt 50 Minuten backen (Gas 1–2, Umluft nicht empfehlenswert).

**6.** Nach 15 Minuten den Kuchen zwischen Teigrand und Füllung mit einem Messer rundherum einritzen.

**7.** Einen zweiten Springformrand auf die Form aufsetzen, den Kuchen zu Ende backen.

**8.** In der Form mindestens 3 Stunden abkühlen lassen, dann aus der Form lösen und mit gesiebtem Puderzucker bestäuben.

**Zubereitungszeit: 2 Stunden**
**Pro Stück (bei 14 Stücken)** 14 g E, 20 g F, 54 g KH = 458 kcal (1917 kJ)

Der Käsekuchen, ein kulinarisches Paradoxon im Leben des Michael Steinbrecher. Schon in jungen Jahren mochte er diesen Kuchen leidenschaftlich gern, doch ein bestimmtes Exemplar der Gattung hätte ihm die Lust darauf für alle Zeiten nehmen können: Die Nachbarin in Dortmund hatte es gebacken, und Michael – allein zu Haus – hat es sich einverleibt. Stück für Stück, noch warm, mit kindlicher Begeisterung. Die Bauchschmerzen hinterher waren mörderisch. „Aber obwohl mir da so schlecht war", erzählt er, „habe ich mir gesagt, meinen Käsekuchen lasse ich mir nicht verderben."

Anderes vom Speisezettel der frühen Jahre spielt dagegen heute nur noch eine Nebenrolle: „Kohlrouladen, Sauerbraten oder Rinderbraten mit Blumenkohl und kräftiger Sauce – so etwas verbinde ich mit winterlicher Stimmung und Besuch bei den Eltern."

Steinbrecher bevorzugt die Küchen Asiens, die indischen Hähnchen-Currys, die thailändische Kokossuppe mit Zitronengras, die Vielfalt der chinesischen Reisgerichte. Und macht keinen Hehl daraus, daß seine Eßerlebnisse hauptsächlich in Restaurants stattfinden: „Was das Kochen angeht, bin ich noch am Anfang. Aber ich bin sicher, daß es in Zukunft eine größere Rolle spielen wird. Eine schöne Küche habe ich schon, aber bislang reicht es meist nur für die schnelle Nudel mit Tomatensauce." Dazu gibt's weder Wein noch Bier noch irgendein anderes alkoholisches Getränk. „Nicht aus Prinzip", erklärt der Mittdreißiger, der auch nicht raucht, keinen Kaffee und Tee erst seit ein paar Jahren trinkt, „es schmeckt mir einfach nicht." Aber wer weiß, vielleicht kommt mit zunehmender Küchenpraxis irgendwann auch die Hinwendung zu geistigen Getränken. Denn schon heute guckt Steinbrecher sich gern an, wie andere ihren Wein genießen, und hat durchaus etwas übrig für feine Gläser, schöne Flaschenetiketten, Tischkultur.

*„Eine schöne Küche habe ich schon, aber bislang reicht es meist nur für die schnelle Nudel mit Tomatensauce."*

**MICHAEL STEINBRECHER**

**ZWEIMAL SÜSSES AUS QUARK, DAZU MOKKASABAYON**
Der österreichische Pâtissier in seinem Element – Michael Steinbrecher war begeistert

## *Quarktaschen mit Mohnfüllung*

Für 30 Stück:
250 g Quark
130 g zimmerwarme Butter
Mark von 1 Vanilleschote
1 Ei (Kl. L)
abgeriebene Schale von
1/2 Zitrone
150 g Mehl, Salz
1 El Honig (15 g)
1 El Puderzucker (10 g)
2 Eigelb (KL. L)
100 g Mohn (gemahlen)
30 g Pistazien (gemahlen)
abgeriebene Schale und Saft von 1/2 Orange

**1.** Den Quark in einem Sieb über Nacht abtropfen lassen.

**2.** 80 g Butter, Vanillemark, Ei und Zitronenschale mit den Quirlen des Handrührers schaumig rühren. Quark und das gesiebte Mehl dazugeben und alles zu einem glatten Teig verrühren. Mit Klarsichtfolie abgedeckt 1 Stunde kalt stellen.

**3.** Für die Mohnfüllung die restliche Butter mit 1 Prise Salz, Honig und Puderzucker schaumig rühren. Eigelb, Mohn, Pistazien, Orangenschale und -saft dazugeben und unterheben. Mit Klarsichtfolie abgedeckt 1 Stunde im Kühlschrank ruhenlassen.

**4.** Den Teig auf einer bemehlten Arbeitsfläche ca. 2 mm dick ausrollen. Mit einem runden Ausstecher von 8 cm Ø Kreise ausstechen. Auf jeden Kreis 1 El Mohnfüllung geben und umklappen, so daß ein Halbkreis entsteht. Die Ränder mit einer Gabel fest andrücken. In kochendes Salzwasser geben und bei milder Hitze ca. 10 Minuten gar ziehen lassen. Mit einer Schaumkelle herausnehmen und in den Bröseln wenden. Mit Quarkknödeln und Mokkasabayon servieren (siehe folgende Rezepte).

**Zubereitungszeit: 40 Minuten (plus Abtropf- und Kühlzeiten)**
**Pro Stück 3 g E, 6 g F, 5 g KH = 89 kcal (374 kJ)**

## *Quarkknödel mit kandierten Früchten*

Für 4 Portionen:
480 g Quark
30 g Butter, 30 g Zucker
1 Pk. Vanillezucker
1 Ei (Kl. L), 2 Eigelb (Kl. L)
100 g altbackenes Weißbrot
30 g Rosinen
abgeriebene Schale von je
1 1/2 Zitronen und Orangen
30 g Zitronat, 30 g Orangeat

**1.** Quark über Nacht in einem Sieb abtropfen lassen und in einem Tuch gut ausdrücken.

**2.** Butter, Zucker und Vanillezucker schaumig aufschlagen. Ei und Eigelb dazugeben, in ca. 5 Minuten cremig aufschlagen.

**3.** Weißbrot entrinden, fein würfeln, mit den Rosinen und der Zitronen- und Orangenschale zur Butter geben.

**4.** Zitronat und Orangeat fein hacken und mit dem Quark unter die Butter rühren. Mit Klarsichtfolie abgedeckt im Kühlschrank 30 Minuten ruhenlassen. Aus der Quarkmasse mit einem Eisportionierer Knödel formen und in leicht kochendem Salzwasser 10–15 Minuten langsam gar ziehen lassen.

**5.** Mit einer Schaumkelle herausnehmen und in den Bröseln wenden.

**Zubereitungszeit: 50 Minuten (plus Abtropfzeit)**
**Pro Portion 22 g E, 12 g F, 42 g KH = 376 kcal (1578 kJ)**

## *Brösel*

Für 8 Portionen:
100 g Butter
170 g Semmelbrösel
50 g brauner Zucker
1 Msp. Zimtpulver

**1.** Die Butter in einer Pfanne schmelzen. Brösel, Zucker und Zimt dazugeben, die Brösel goldbraun rösten.

**2.** Die Quarktaschen und Quarkknödel in den heißen Bröseln wenden.

**Zubereitungszeit: 10 Minuten**
**Pro Portion 2 g E, 10 g F, 22 g KH = 193 kcal (810 kJ)**

## *Weißer Mokkasabayon*

Für 4 Portionen:
200 ml Milch
40 g Kaffeebohnen
60 g Zucker, 4 Eigelb (Kl. L)

**1.** Die Milch in einem Topf aufkochen, Bohnen dazugeben und ca. 1 Stunde ziehen lassen. Durch ein Sieb gießen.

**2.** Die Milch mit Zucker und Eigelb gut verrühren und über einem heißem Wasserbad in 4–5 Minuten cremig aufschlagen. Sabayon zu den Quarkknödeln und Quarktaschen servieren.

**Zubereitungszeit: 15 Minuten (plus Zeit zum Ziehen)**
**Pro Portion 9 g E, 8 g F, 18 g KH = 185 kcal (777 kJ)**

# Nicht Schwein, Pute soll's sein!
## *Judy Winter*

**PUTEN-
GESCHNETZELTES**
*Ein schnelles Geflügelgericht,
wie Judy Winter es mag.
Schweine- und Rindfleisch kommen
in ihrer Küche nicht mehr vor*

## *Puten-geschnetzeltes*

Für 4 Portionen:
500 g Putenbrustfilet
30 ml Öl
50 g Butter
200 g Champignons
100 g Zwiebeln
1/2 El Speisestärke
1/2 Tl Currypulver
100 ml Weißwein
200 ml Geflügelfond
200 ml Schlagsahne
50 ml geschlagene Sahne
3 El glatte Petersilie
(gehackt)
Salz, Pfeffer

**1.** Die Putenbrust in Streifen schneiden. Das Öl in einer Pfanne erhitzen und das Fleisch darin portionsweise goldgelb anbraten. Herausnehmen und in einem Sieb abtropfen lassen.

**2.** In diese Pfanne 30 g Butter geben. Champignons putzen und in Scheiben schneiden, Zwiebeln pellen und fein würfeln. In dem heißen Fett rundherum goldbraun anbraten, dann zu dem Putenfleisch in das Sieb geben. Die restliche Butter in der Pfanne erhitzen, die Stärke und Currypulver dazusieben und kurz anrösten. Mit dem Weißwein ablöschen und mit Geflügelfond und der Sahne auffüllen und ca. 5 Minuten einkochen lassen.

**3.** Fleisch, Champignons und Zwiebeln in die Sauce geben und noch einmal aufkochen lassen. Die geschlagene Sahne und Petersilie dazugeben, mit Salz und Pfeffer abschmecken. Dazu passen kleine gebratene Kartoffeln.

**Zubereitungszeit:** 35 Minuten
**Pro Portion** 34 g E, 38 g F, 5 g KH = 502 kcal (2099 kJ)

Ihr (Künstler-)Name ist Winter, ihre Garderobe meist weiß, und der Wein, den sie bevorzugt, weder rot noch rosé. Etwas Kühles, Distanziertes geht von der gertenschlanken Wahl-Berlinerin aus, das es ein bißchen schwer macht, sich die elegante Frau mit aufgekrempelten Ärmeln und Schweißperlen auf der Stirn am heißen Herd vorzustellen. Und doch steht sie gern in der Küche („Kochen und Essen ist schon was Aufregendes"), und gerade deftige Eintöpfe sind es, für die sie im Freundeskreis bekannt ist.

Ihre Art zu kochen hat mit Kochkunst wenig zu tun, aber viel mit Phantasie und Gefühl: „Ich habe nie richtig kochen gelernt. Als ich anfing, hatte ich kein Geld. Ich hätte es gar nicht riskieren können, einen Fasan in den Sand zu setzen. Heute habe ich zwar ein ganzes Regal voller Kochbücher, aber ich schaue da kaum rein. Und doch ist selten etwas schiefgegangen." Außer Eintöpfen bevorzugt die Schauspielerin Lamm, Geflügel, Nudeln und Fisch.

Überhaupt Fisch: Wenn sie auf Mallorca ist, liebt sie es, in einer einfachen Fischerkneipe gegrillte Dorade mit Aïoli oder Calamares a la plancha zu essen: „Mit diesem puren und reduzierten Essen bin ich ganz einverstanden. Da bin ich glücklich." Und ein Fisch war es auch, der ihr einst ein nachhaltiges Erlebnis mit „Neuer Küche" verschaffte – eine Seezunge in einem Sylter Restaurant, mit Himbeersauce. „Als ich das auf der Karte las, dachte ich, es sei ein Druckfehler. Aber dann war es eine echte Sensation auf der Zunge."

In ihrer eigenen Küche würde sie so etwas jedoch kaum versuchen wollen. „Das Schöne beim Essen ist ja", sinniert die für ihre Disziplin bekannte Tochter eines schlesischen Offiziers und einer Tänzerin, „daß man entscheiden kann, worauf man Lust hat. Da muß man nicht immer funktionieren."

> *„Ich habe ein ganzes Regal voller Kochbücher, aber da schaue ich kaum rein. Und doch ist selten etwas schiefgegangen."*
>
> **JUDY WINTER**

## Piccata von der Pute

Für 4 Portionen:
500 g vollreife Tomaten
80 ml Weißwein
150 ml Geflügelfond
Salz, Pfeffer
1/2 Bund Thymian
8 dünne Scheiben Putenbrustfilet (à ca. 50 g)
3 Eier (Kl. L)
5 El geschlagene Sahne
100 g Parmesan (frisch gerieben)
Grün von 1 Fenchelknolle (ersatzweise 1/2 Bund Dill)
100 g Makkaroni
1 El Öl
60 g Schalotten
1 Knoblauchzehe
15 g Butter
150 ml Schlagsahne
40 g getrocknete Tomaten
8 Basilikumblätter
150 g Butterschmalz
50 g Mehl

**1.** Die Tomaten waschen und achteln. Mit 50 ml Weißwein im Mixer pürieren und in einen Topf gießen. Mit Geflügelfond, Salz, Pfeffer und Thymian aufkochen. Dann durch ein Passiertuch in einen anderen Topf gießen und den klaren Tomatensaft auffangen (es sollen etwa 500 ml sein).

**2.** Die Putenbrustfilets flachklopfen, pfeffern und mit dem restlichen Weißwein beträufeln. Eier verquirlen, mit 2 El geschlagener Sahne, Parmesan und gehacktem Fenchelgrün verquirlen.

**3.** Die Nudeln nach Packungsanweisung kochen und abschrecken. Mit dem Öl beträufeln und zur Seite stellen.

**4.** Schalotten und Knoblauch pellen, fein würfeln und in der Butter andünsten. Mit dem klaren Tomatensaft auffüllen und salzen. Die Schlagsahne dazugeben und die Flüssigkeit auf 1/3 einkochen lassen. Dann mit dem Schneidstab kurz durchmixen. Die getrockneten Tomaten und das Basilikum in Streifen schneiden und mit der restlichen geschlagenen Sahne und den gekochten Nudeln in die Sauce geben. Noch einmal mit Salz abschmecken und alles gut durchmischen.

**5.** Das Butterschmalz in einer Pfanne schmelzen, aber nicht zu heiß werden lassen. Die Putenbrustschnitzel erst im Mehl wenden, dann durch die Eier-Käse-Masse ziehen. Im Butterschmalz bei milder Hitze ausbacken. Aus der Pfanne nehmen und auf Küchenpapier abtropfen lassen. Mit den Nudeln und Artischockensalat (siehe folgendes Rezept) servieren.

**Zubereitungszeit:** 1 Stunde
**Pro Portion** 46 g E, 63 g F, 34 g KH = 888 kcal (3721 kJ)

## Artischockensalat

Für 4 Portionen:
2 Artischocken (à 500–600 g)
Saft von 1 Zitrone
10 g Sardellenfilets
30 g Schalotten
2 Knoblauchzehen
3 El Weißweinessig, 4 El Öl
50 ml Kalbsfond
2 El Petersilienblättchen
1 Bund Radieschen
Pfeffer

**1.** Artischocken putzen: Stiele abbrechen und Blätter mit einem Messer bis zum Boden abschneiden. Das Heu in der Mitte mit einem Kugelausstecher herausschaben. Den Boden rundherum gründlich schälen. In Zitronenwasser legen.

**2.** Sardellenfilets hacken, Schalotten und Knoblauch pellen und fein würfeln. Sardellen, Schalotten, Knoblauch, Essig, Öl, Kalbsfond und Petersilie mit dem Schneidstab gut aufmixen.

**3.** Die Artischockenböden mit einem Trüffelhobel in dünne Scheiben schneiden und in die Marinade geben. Radieschen putzen, vierteln, dazugeben und den Salat mit Pfeffer abschmecken. Alles gut miteinander vermengen und zur Piccata servieren.

**Zubereitungszeit:** 30 Minuten
**Pro Portion** 4 g E, 10 g F, 5 g KH = 130 kcal (543 kJ)

### PROFI-TIP

**Artischocken à la Lafer**
Artischocken immer nur im Ganzen kochen und mit Dips verspeisen, ist auf die Dauer etwas langweilig. Hier zwei andere Vorschläge, Voraussetzung sind jeweils geputzte frische Artischockenböden. Als **Beilage** zu Lammkoteletts oder kleines vegetarisches Gericht die Böden in nicht zu kleine Stücke schneiden und in einer Pfanne mit etwas Butter und Öl, halbierten Schalotten, Knoblauch, Thymian und Rosmarin langsam braten. Mit Salz und Pfeffer würzen.
Für **Artischocken-Chips** mit einem Sparschäler möglichst lange Streifen vom Boden abschneiden und jeweils zu einem lockeren Knoten formen. In heißem Fett schwimmend ausbacken und anschließend salzen.

**PICCATA VON DER PUTE**
Putenbrustschnitzel im würzigen Parmesanmantel, dazu Nudeln und ein Salat, aus Artischocken und Radieschen grandios kombiniert

# Im Wendekreis des Wildschweins
## Bodo Hauser

**WILDSCHWEINKEULE MIT INGWER-HONIG-SAUCE**
*Das saftige Bratenstück – hier mit einer besonders würzigen Sauce – ist Bodo Hausers Leibgericht*

## Wildschweinkeule mit Ingwer-Honig-Sauce

Für 8 Portionen:
1 Wildschweinkeule
(3,25 kg, vom Schlachter den Schlußknochen auslösen und die Haxe zerkleinern lassen)
2 Zweige Rosmarin
2 Tl Wacholderbeeren
2 Kardamomkapseln
100 g frische Ingwerwurzel
1 Zitrone
1 Tl getrockneter Thymian
1 Tl schwarzer Pfeffer (geschrotet)
4 El mittelscharfer Senf
2 El Öl, 1 Bund Suppengrün
200 g fetter Räucherspeck (in großen, dünnen Scheiben)
4 Lorbeerblätter, Salz
3/8 l kräftiger Rotwein
40 g Mehl, 60 g Butter
1 El Tannenhonig

**1.** Die Wildschweinkeule häuten.

**2.** Rosmarinnadeln, Wacholderbeeren und die aus den Kapseln gelösten Kardamomkörner im Mixer zerkleinern. Ingwer schälen, reiben und den Saft durch ein Tuch in eine Schüssel drücken.

**3.** Die Zitrone dünn abreiben und auspressen. Zitronensaft und -schale, die Hälfte des Ingwersaftes, Thymian, Pfeffer, Senf, Öl und Gewürzmischung zu einer Paste verrühren.

**4.** Die Keule mit der Paste einreiben, mit Klarsichtfolie abdecken und über Nacht durchziehen lassen.

**5.** Das Suppengrün putzen und grob würfeln. Die Hälfte der Speckscheiben in die Saftpfanne legen. Keule mit der runden Seite nach unten darauflegen. Suppengrünwürfel und Lorbeerblätter rundherum verteilen. Knochen und Haxe dazugeben. Keule salzen und mit den restlichen Speckscheiben bedecken.

**6.** Die Keule im vorgeheizten Backofen bei 250 Grad (Gas 5, Umluft nicht empfehlenswert) auf der 2. Einschubleiste von unten 30 Minuten braten. Dann die Hitze auf 200 Grad (Gas 3) zurückschalten, den Rotwein dazugießen und die Keule 1 weitere Stunde garen. Nach und nach 1/4 l Wasser dazugießen und die Keule immer wieder mit Bratenfond beschöpfen.

**7.** Die Keule herausnehmen und in Alufolie gewickelt ruhenlassen.

**8.** Die Saftpfanne in den auf 250 Grad (Gas 5) hochgeschalteten Backofen schieben und den Pfanneninhalt kräftig bräunen, zwischendurch gut umrühren. 1/4 l Wasser dazugießen und alle Röststoffe mit einem Pinsel lösen. Alles durch ein Sieb in einen Topf gießen und entfetten.

**9.** Mehl und Butter verkneten. Den restlichen Ingwersaft und Honig in den kochenden Bratenfond rühren. Die Mehlbutter dazugeben, nochmals aufkochen lassen, eventuell mit Salz abschmecken.

**10.** Die Keule aufschneiden, mit der Sauce servieren. Dazu passen Kartoffelknödel und Rotkohl mit Backpflaumen.

**Zubereitungszeit:** 2 1/2 Stunden (plus Zeit zum Marinieren)
**Pro Portion** 50 g E, 22 g F, 8 g KH = 454 kcal (1904 kJ)

Gut essen und trinken ist für Bodo Hauser ein sehr behaglicher, aber auch sehr selbstverständlicher Teil des Lebens. Mögen andere mit dem Gault Millau in der Hand von einem Spitzenlokal zum anderen pilgern oder über Champagner in Verzükkung geraten, der „Krawattenmann" 1997 und „Pfeifenraucher des Jahres" 1994 macht um gute Küche nicht viel Aufhebens. Schon früh frequentierte er mit dem Vater, einem Krefelder Fabrikanten, die damals angesagten Restaurants des Rheinlands („Das Auswärts-Essen gehörte einfach dazu") und genoß gleichermaßen die Eßkultur zu Hause („Unsere Mutter kochte gut").

Als Schüler in England dann die Londoner Chinarestaurants, als Student in Lausanne die Küche der französischen Schweiz – Bodo Hauser hatte vielfältige Möglichkeiten, seinen Geschmack zu entwickeln. Chinesisch mag er auch heute noch gern – „Die Küche in China ist fabelhaft" – indisch kann auch gut sein – „Nur nicht so scharf, daß einem die Flammen aus dem Gesicht schlagen", in Italien könnte er die Karte „rauf und runter" essen, während die Bemühungen der Köche Griechenlands rundum enttäuschten – „Da sieht das Fleisch immer so aus, als ob das Tier verhungert wäre." Dann doch lieber ein schönes Stück Wild, selbst erlegt und von der Gattin zubereitet. Denn so gern, gut und ausführlich der 53jährige ißt – „Ich bin ein großer Dessert-Fan, das sehen Sie schon an meinen Körperformen" – das Kochen ist nicht sein Metier. „Ich besorge das Fleisch von der Jagd, und meine Frau bereitet es zu."

> *„In Frankreich habe ich mal eine Jagd mitgemacht, da habe ich mich auf den Boden geworfen, weil ich dachte, ich würde erschossen."*
>
> **BODO HAUSER**

# Gefüllte Lammkeule

Für 6–8 Portionen:
1 Lammkeule (ca. 2 kg)
1 Bund Thymian
7 Zweige Rosmarin
10 Knoblauchzehen
10 El Olivenöl
100 g Möhren
50 g Knollensellerie
100 g Porree
60 g Zwiebeln
1 El weiße Pfefferkörner
300 ml Rotwein
1 El Tomatenmark
500 ml Lammfond
100 g Weißbrot
2 Schalotten
20 g Butter
Salz, Chili (Mühle)
30 g schwarze Oliven (entsteint)
100 g Blauschimmelkäse
1 El gehackte Kräuter (z. B. Thymian oder Petersilie)

**1.** Die Lammkeule vom Metzger hohl auslösen und häuten lassen. Den Knochen mitnehmen.

**2.** Für die Paste die Blättchen von 1/2 Bund Thymian und die Nadeln von 2 Rosmarinzweigen fein hacken, 3 Knoblauchzehen pellen und fein hacken und alles mit 5 El Olivenöl glattrühren. Die Lammkeule mit der Gewürzpaste gleichmäßig einreiben, in einen Gefrierbeutel legen und im Kühlschrank über Nacht marinieren.

**3.** Für die Sauce den Lammknochen fein hacken. Das Gemüse putzen, waschen und grob würfeln. Die Lammknochen und das Gemüse mit restlichem Olivenöl in eine Saftpfanne geben und im vorgeheizten Backofen auf der 2. Einschubleiste von unten bei 170–200 Grad 40–60 Minuten rösten (Gas 2–3, Umluft 160 Grad). Die gerösteten Lammknochen mit dem Gemüse aus dem Ofen nehmen und ohne Fett in einen heißen Bräter umfüllen. 5 Knoblauchzehen mit Schale, restlichen Thymian, 3 Rosmarinzweige und die weißen Pfefferkörner dazugeben, mit 50 ml Rotwein ablöschen und etwas einkochen lassen. Tomatenmark dazugeben und kurz anschwitzen. Mit dem restlichem Rotwein ablöschen, mit dem Lammfond auffüllen und ca. 50 Minuten leise kochen lassen.

**4.** Für die Füllung das Weißbrot in feine Würfel schneiden. Schalotten und restliche Knoblauchzehen pellen und fein würfeln. Von den restlichen Rosmarinzweigen die Nadeln abzupfen und fein hacken. Die Butter erhitzen, Schalotten, Rosmarin und Knoblauch dazugeben und glasig dünsten. Die Weißbrotwürfel dazugeben, mit Salz und gemahlenem Chili würzen und abkühlen lassen. Die Oliven vierteln. Den Blauschimmelkäse durch eine Kartoffelpresse zu der erkalteten Weißbrotmischung geben. Die Lammkeule aus dem Beutel nehmen, mit der Brotmischung füllen und mit Rouladenspießen verschließen.

**5.** Die gefüllte Lammkeule auf ein Backblech setzen und im vorgeheizten Backofen auf der 2. Einschubleiste von unten bei 190 Grad 65–70 Minuten braten (Gas 2–3, Umluft nicht empfehlenswert).

**6.** Die Sauce durch ein feines Sieb gießen und noch einmal kurz aufkochen. Die gehackten Kräuter dazugeben. Die Lammkeule mit der Sauce und den Grießknödeln (siehe folgendes Rezept) servieren.

**Zubereitungszeit: 2 1/2 Stunden, (plus Zeit zum Marinieren)**
**Pro Portion (bei 8 Portionen)**
**43 g E, 28 g F, 8 g KH = 469 kcal (1967 kJ)**

## Grießknödel

Für 6–8 Portionen:
400 ml Milch
130 g Butter
Salz, Muskatnuß
175 g Hartweizengrieß
Pfeffer
50 g Pinienkerne
1 Ei (Kl. L)
1 Eigelb (Kl. L)
30 g Weißbrotbrösel

**1.** Milch mit 80 g Butter, Salz und Muskat aufkochen. Den Grieß dazugeben und unter ständigem Rühren kochen, bis sich die Grießmasse vom Topfboden löst. Etwas auskühlen lassen, mit Pfeffer würzen. Die Pinienkerne in einer Pfanne ohne Fett goldbraun rösten und durch die Mandelmühle drehen.

**2.** Das Ei und das Eigelb unter die noch warme Grießmasse rühren. Mit Hilfe eines Eisportionierers 16–20 Kugeln ausstechen und eventuell mit der Hand noch etwas nachformen. In kochendem Salzwasser ca. 10 Minuten gar ziehen lassen.

**3.** Die restliche Butter in einer Pfanne erhitzen. Die Pinienkerne und die Weißbrotbrösel dazugeben und kurz rösten. Mit Salz abschmecken und die Knödel darin schwenken.

**Zubereitungszeit: 30 Minuten**
**Pro Portion (bei 8 Portionen)**
**7 g E, 20 g F, 20 g KH = 291 kcal (1219 kJ)**

---

## GEFÜLLTE LAMMKEULE
*Keule à la Lafer – mit Oliven und Blauschimmelkäse raffiniert gefüllt. Dazu gibt's Grießknödel*

---

# PROFI-TIP

**Marinaden für Fleisch**
*Mit einer guten Marinade lassen sich bekannten Fleischgerichten neue Geschmacksnuancen entlocken. Johann Lafer hat zwei Vorschläge:* **Kalbsschnitzelchen** *mit Lagen von Zitronenscheiben und Salbeiblättern übereinanderschichten, dabei jeweils leicht pfeffern. In einen Gefrierbeutel geben, mit etwas Öl begießen und über Nacht im Kühlschrank marinieren lassen. Die Kalbsschnitzel herausnehmen, in einer Grillpfanne braten und mit Salat servieren.*

**Kasseler Koteletts**
*in einer Schüssel mit Apfelschale, 1 Zimtstange, Apfelwein, Calvados und etwas Chili marinieren. Dann alles in einen flachen Topf geben, etwas Brühe hinzufügen und langsam garen. Etwas Garflüssigkeit abnehmen und zusammen mit Sternanis, Nelke, Zimt und etwas Zucker reduzieren und mit etwas Stärkemehl leicht binden. Darin Apfelspalten weich kochen und zu den Koteletts servieren. Dazu paßt Krautsalat.*

# Spargelsalat von der Spitzenfrau Renate Schmidt

**SPARGELSALAT**
*Ungewöhnlich wie sie selbst ist auch Renate Schmidts Spargel zu Nürnbergern – außerhalb der Saison nimmt man Sauerkraut*

## Spargelsalat à la Schmidt

Für 4 Portionen:
1 kg weißer Spargel
3 El Zucker, Salz
50 g Zwiebeln
3 El Weißweinessig
2 El süßer Senf
Pfeffer
30 ml Traubenkernöl
1/2 Bund Schnittlauch

**1.** Den Spargel waschen und schälen. Schalen in einen Spargeltopf geben, mit Wasser bedecken und mit 1 El Zucker und 1 Tl Salz zum Kochen bringen. Die Spargelschalen wieder herausnehmen. Den geschälten Spargel in den Sud geben und 12–15 Minuten nicht zu weich kochen. Zwiebeln pellen und fein reiben.

**2.** Den Essig mit dem Senf und den Zwiebeln mischen und mit dem restlichen Zucker, Salz und Pfeffer abschmecken. Traubenkernöl und 2–3 Kellen (ca. 100 ml) Spargelsud unterrühren.

**3.** Spargel in 2–3 cm lange Stücke schneiden und in der Sauce ca. 20 Minuten durchziehen lassen. Schnittlauch in Röllchen schneiden und über den Salat streuen. Mit dem Sauerkraut (siehe folgendes Rezept) zu Nürnberger Bratwürstchen, Holzofenbrot und süßem Senf servieren.

**Zubereitungszeit: 30 Minuten** (plus Zeit zum Durchziehen)
**Pro Portion** 4 g E, 8 g F,
15 g KH = 152 kcal (642 kJ)

## Sauerkraut

Für 4 Portionen:
50 g durchwachsener Speck
40 g Zwiebeln
1 Apfel
3 Wacholderbeeren
1 El Schweineschmalz
1 Tl Kümmel
500 g Sauerkraut
400 ml trockener Weißwein
200 ml Kalbsfond
Salz, Pfeffer

**1.** Den Speck fein würfeln. Zwiebeln pellen und fein würfeln. Apfel schälen, das Kerngehäuse entfernen und das Fruchtfleisch fein würfeln. Wacholderbeeren grob zerdrücken.

**2.** Schweineschmalz in einem Topf erhitzen, Speckwürfel dazugeben und anbraten. Zwiebelwürfel dazugeben und goldbraun braten. Apfelwürfel, Wacholderbeeren, Kümmel und Sauerkraut dazugeben. Mit dem Weißwein und Fond auffüllen und zugedeckt 30–35 Minuten leise kochen lassen. Mit Salz und Pfeffer würzen und zu den Nürnberger Bratwürstchen servieren.

**Zubereitungszeit: 50 Minuten**
**Pro Portion** 3 g E, 16 g F,
7 g KH = 210 kcal (875 kJ)

Jeden Tag, wenn der Vater nach Hause kam, ein dreigängiges Mittagessen, eine böhmische, in der Schweiz kulinarisch geschulte Großmutter, dazu die Mutter aus Siebenbürgen – Renate Schmidt, geb. Pokorny, wurde in eine (eß-)kulturbewußte Familie hineingeboren. Besonders die Großmutter mit ihren vielfältigen Fähigkeiten war prägend. Mit ihr ging sie Pilze, Beeren und Flußkrebse sammeln, Kapern wurden selbst hergestellt (aus den Knospen der Sumpfdotterblume), wie auch Orangeat und – ein Wunder für ein Kind in eisdielenlosen Nachkriegszeiten – das erste Vanilleeis. „Meine Großmutter hatte immer irgendwelche Ideen", erinnert sich Frau Schmidt, „sie konnte aus einfachen Zutaten ein Festgericht machen, das war faszinierend. Bei ihr habe ich erlebt, wie man aus Lebensmitteln etwas macht."

Die populäre Politikerin und dreifache Mutter ist – trotz knapp bemessener Freizeit – mit Leib und Seele Köchin. Kochen ist für sie zugleich Heimat, Sinnenfreude und selbstverständlicher Teil des Lebens. So hat sie am Herd alle denkbaren Phasen durchlaufen, von den Schottischen Käseeiern und Corned-Beef-Haschees im Kartoffelbreirand der 60er Jahre – das Buch mit dem schönen Titel „Gut gekocht für wenig Geld" leistete da treue Dienste –, bis hin zu Bocuse-beeinflußten Höhenflügen im französischen Ferienhaus. Und sie kann auf ein Stichwort hin mal eben historisch bedingte Zusammenhänge von Industrialisierung und Regionalküche schildern – am Beispiel oberbayerischer Schweinsbraten, fränkischer Würste und schwäbischer Maultaschen. Daß sie Lafer ihr Spargelrezept von eigener Hand geschrieben hat zukommen lassen, verwundert dann schon gar nicht mehr. Wirklich beeindruckend, diese Frau.

*„Ich koche am liebsten ohne vorgefaßten Plan, so nach dem Motto: ‚Was hamma denn?'"*

**RENATE SCHMIDT**

**BRATWURSTTORTE**
*Immer wieder überraschend und begeisternd, was Lafer aus schlichten Zutaten kreiert: hier eine delikate Quiche mit Bratwürsten*

## Bratwursttorte

Für 4 Portionen:
200 g TK-Blätterteig
1 Eigelb (Kl. L)
Mehl zum Bearbeiten
10 g Butter (flüssig)
70 g Weißkohl
70 g Rotkohl
100 g durchwachsener Speck
140 g Zwiebeln
30 g Butterschmalz
70 g Sauerkraut (gewaschen und gut ausgedrückt)
5 Wacholderbeeren
1 Tl Kümmel
Salz, Pfeffer
6 Knoblauchzehen
200 ml Öl
1 Bratwurstkranz (ca. 200 g)
150 ml Milch
1 El scharfer Senf
2 Eigelb (Kl. L), 1 Ei (Kl. L)
40 g frischer Meerrettich (gerieben)
1/2 El Thymianblättchen
1/2 El Petersilienblätter
**Außerdem**
Backpapier und Trockenerbsen zum Blindbacken

**1.** Blätterteigplatte an einer Längsseite mit verquirltem Eigelb bestreichen, die zweite Platte leicht überlappend darauflegen. Auf der bemehlten Arbeitsfläche auf 25x25 cm ausrollen. Eine Tarteform (18 cm Ø) umgedreht auf den Teig legen. Teig rundherum etwas größer als die Form ausschneiden. Die Form mit der Butter auspinseln, den ausgerollten Blätterteig hineinlegen und den Rand andrücken. Überstehenden Teig abschneiden und den Boden mehrmals mit einer Gabel einstechen. Mit Backpapier auslegen und mit Trockenerbsen füllen. Im vorgeheizten Backofen auf der untersten Einschubleiste bei 220 Grad (Gas 3–4, Umluft 200 Grad) ca. 10 Minuten blindbacken. Etwas abkühlen lassen.

**2.** Weißkohl und Rotkohl in feine Streifen schneiden. Speck fein würfeln, 60 g Zwiebeln pellen und fein würfeln. 20 g Butterschmalz erhitzen, die Speck- und Zwiebelwürfel darin kroß braten. Weiß- und Rotkohlstreifen, Sauerkraut, Wacholder und Kümmel dazugeben, mit Salz und Pfeffer kräftig würzen. Alles ca. 5 Minuten gut braten. Etwas abkühlen lassen und auf den vorgebackenen Blätterteig geben.

**3.** Restliche Zwiebeln pellen, in feine Streifen schneiden und dünn mit Mehl bestäuben. Knoblauch pellen und in feine Scheiben schneiden. Das Öl erhitzen, erst den Knoblauch, dann die Zwiebeln goldbraun ausbacken. Auf Küchenpapier legen.

**4.** Das restliche Butterschmalz erhitzen und die Bratwurst darin von beiden Seiten kurz anbraten. Auf Küchenpapier kurz abtropfen lassen, dann auf den Kohl legen. Zwiebeln und Knoblauch auf dem Bratwurstkranz verteilen.

**5.** Die Milch einmal aufkochen und von der Kochstelle nehmen. Senf, Eigelb, Ei, Meerrettich, Thymianblättchen, Petersilie, Salz und Pfeffer mit dem Schneidstab aufmixen. Die warme Milch dazugeben.

**6.** Den Guß gleichmäßig über die Bratwursttorte gießen. Im vorgeheizten Backofen auf der 2. Einschubleiste von unten bei 180 Grad (Gas 3, Umluft nicht empfehlenswert) 30–35 Minuten backen. Mit Rettichsalat (siehe folgendes Rezept) servieren.

**Zubereitungszeit: 1 1/2 Stunden**
**Pro Portion 21 g E, 91 g F, 30 g KH = 1015 kcal (4248 kJ)**

## Rettichsalat

Für 4 Portionen:
1 weißer Rettich (ca. 200 g)
2 kleine rote Rettiche (à ca. 100 g, ersatzweise Radieschen)
70 g Zwiebeln
150 g Schmand
3 El Weißweinessig
4 El Öl, Salz, Pfeffer
1 Bund Schnittlauch

**1.** Den weißen Rettich schälen und in Scheiben schneiden. Die roten Rettiche in dünne Scheiben schneiden. Zwiebeln pellen und fein würfeln.

**2.** Den Schmand mit den Zwiebelwürfeln, Essig, Öl, Salz, Pfeffer und 4 El Wasser verrühren. Die Rettichscheiben in die Vinaigrette geben und ca. 30 Minuten ziehen lassen. Schnittlauch in feine Röllchen schneiden und über den Rettichsalat streuen. Zur Bratwursttorte servieren.

**Zubereitungszeit: 20 Minuten (plus Zeit zum Ziehen)**
**Pro Portion 2 g E, 18 g F, 4 g KH = 182 kcal (764 kJ)**

# Kabarett und Küchenphilosophie
## *Richard Rogler*

**BAYERISCHE CREME**
*Was zu Haus nicht recht gelingt, läßt er sich gern vom Profi machen: Richard Roglers Lieblingsdessert*

## *Bayerische Creme*

Für 6–8 Portionen:
4 Eigelb (Kl. L)
300 g Puderzucker
1 Vanilleschote
1/4 l Milch
6 Blatt weiße Gelatine
300 g Himbeeren (TK)
1/2 l Schlagsahne
Frische Früchte der Saison
und Minze zum Dekorieren

**1.** Eigelb und 200 g Puderzucker mit den Quirlen des Handrührers cremig aufschlagen. Die Vanilleschote aufschlitzen, das Mark herauskratzen und beides unter die Milch rühren. Die Milch zum Kochen bringen. Die Gelatine in kaltem Wasser einweichen. Die Himbeeren auftauen, pürieren und durch ein Sieb streichen. Den restlichen Puderzucker durch ein Sieb streichen und mit dem Himbeermark verrühren.

**2.** Die Vanilleschote aus der Milch nehmen und die heiße Milch unter ständigem Rühren langsam zu der Eiermasse gießen. Bei milder Hitze (am besten im Wasserbad) weiterschlagen, bis eine dickliche Masse entsteht. Die Gelatine ausdrücken und unterrühren.

**3.** In eine Schüssel mit kaltem Wasser stellen und weiterschlagen, bis die Masse zu gelieren beginnt. Schlagsahne steif schlagen und unterheben. Die Creme in eine Schale oder in kleine Gugelhupfförmchen füllen und über Nacht kalt stellen.

**4.** Zum Servieren etwas Himbeersauce auf die Teller geben. Aus der Creme in der Schale Nocken abstechen und auf die Himbeersauce setzen. Oder die Creme in den Förmchen auf die Teller stürzen. Mit frischen Früchten der Saison und etwas Minze dekorieren.

**Zubereitungszeit:** 45 Minuten (plus Kühlzeit)
**Pro Portion (bei 8 Portionen)** 6 g E, 24 g F, 43 g KH = 418 kcal (1750 kJ)

Jemand, der auf die Frage nach seinem Leibgericht gleich ein ganzes Dutzend nennt, muß etwas fürs Essen übrig haben. Und er wäre nicht Richard Rogler, wenn er nicht wie mit geölter Zunge darüber fabulieren könnte. Er habe als Kind der Mutter allerhand abgeschaut, damals in der fränkischen Wohnküche, und schon als Student selbst gekocht, ganz klar. Auch heute noch, aber sicher. Bodenständiges zumeist, Tafelspitz, Rouladen, Kalbsbraten und so weiter, Fleischesser, der er nun mal sei. Und Gulasch! Eine Spezialanfertigung, mit Tomato frito aus Spanien, Tomaten, ganz dick eingekocht, Rotwein natürlich, und dann Stunden auf kleiner Flamme. Die Sauce: sensationell!

Die Monate auf Gomera jedes Jahr, da ist Zeit zum Ausprobieren. Drei-, viermal die Woche am Herd, ein Glas Wein dabei, was Schöneres gibt's nicht. Kaninchen mit Kräutern, Octopussalat, Hühnchen. Da kriegt man noch Hühner! Frei und gesund, vom Bauern nebenan. Wenn du hier so was kaufst, für teures Geld, das überlegst du dir schon. Schwierig war's mit den Kartoffeln da unten, keine guten Sorten, zu mehlig. Da wurden dem Bauern ein paar deutsche mitgebracht, schöne feste Biokartoffeln, Beate und Hansa. Die seien sensationell gekommen! Schließlich habe die Familie seit jeher den Beinamen die „Kartoffel-Roglers". Nicht weil sie so aussähen wie die doofen Kartoffeln oder was, nein, ein Vorfahr hat 1648 auf deutschem Terrain erstmals Kartoffeln angebaut. Kein Witz!

Desserts werden nach Buch gekocht, wenn überhaupt. Bayerische Creme, da mußt du so aufpassen. Entweder zu labberig, oder es stockt dir, das Ding. Sollen die Profis machen. Man selbst kocht lieber so nebenbei. Die besten Köche sind wie die besten Kabarettisten – man darf nicht merken, wie sie's gemacht haben. Wie gesagt, Richard Rogler liebt es zu kochen und davon zu erzählen. Ein Vergnügen, ihm zuzuhören.

> *„Die besten Köche sind wie die besten Kabarettisten – man darf nicht merken, wie sie's gemacht haben."*
>
> **RICHARD ROGLER**

# Marmorierte Lebkuchen-Punsch-Creme

**Für 4 Portionen:**

**Punsch**
100 ml Rotwein
50 ml Holunderbeersaft
Saft und Schale von
1/2 Orange (unbehandelt)
Saft und Schale von
1/2 Zitrone
4 cl brauner Rum
80 g Zucker
5 Gewürznelken
1 Zimtstange

**Punschcreme**
3 Blatt weiße Gelatine
1 Vanilleschote
200 ml Milch, 4 Eigelb (Kl. L)
150 g Puderzucker
300 ml Schlagsahne

**Lebkuchencreme**
1 Ei (Kl. L)
130 g Zartbitterschokolade
20 ml brauner Rum
1 Tl Lebkuchengewürz
300 ml Schlagsahne

**1.** Für den Punsch alle Zutaten in einen Topf geben und auf die Hälfte einkochen lassen. Durch ein Sieb passieren und zur Seite stellen.

**2.** Für die Punschcreme die Gelatine in kaltem Wasser einweichen. Die Vanilleschote längs aufschlitzen und das Mark herauskratzen. Mit der Milch aufkochen. Eigelb und Puderzucker verrühren, die heiße Milch durch ein Sieb dazugießen und die ausgedrückte Gelatine und den Punsch dazugeben. Im heißen Wasserbad mit dem Schneebesen cremig aufschlagen. In eine Schüssel mit Eiswasser stellen und weiterschlagen, bis die Creme kalt ist. Die Sahne steif schlagen und unter die kalte Creme heben.

**3.** Für die Lebkuchencreme das Ei mit 4 El kaltem Wasser über einem heißen Wasserbad cremig aufschlagen. In eine Schüssel mit Eiswasser stellen und wieder kalt schlagen. Die Schokolade in einen Topf schmelzen und zu dem aufgeschlagenen Ei geben. Mit Lebkuchengewürz und Rum würzen. Die Sahne steif schlagen und unterheben.

**4.** Erst die Punschcreme in eine flache Auflaufform gießen. Dann die Lebkuchencreme dazugießen. Einen Löffelstiel mehrmals spiralförmig durch beide Cremes ziehen, so daß eine Marmorierung entsteht. Die Creme etwa 2 Stunden in den Kühlschrank stellen. Mit der Bratapfelsauce und Birnen-Orangen-Kompott servieren (siehe folgende Rezepte).

**Zubereitungszeit: 45 Minuten (plus Kühlzeit)**
**Pro Portion** 15 g E, 67 g F, 83 g KH = 1034 kcal (4336 kJ)

**LEBKUCHEN-PUNSCH-CREME**
*Dazu eine Sauce aus Bratäpfeln. Dreimal Wintergeschmack auf einem Teller – aber wie!*

# Bratapfelsauce

**Für 4 Portionen:**
5 Äpfel (à 150 g)
Fett für die Form
1 Zimtstange, 20 g Rosinen
30 g ganze Mandeln (geschält)
30 ml brauner Rum
2 El Ahornsirup
100 ml Weißwein
2 El Calvados

**1.** Die Äpfel waschen und in eine gefettete Auflaufform setzen. Zimtstange, Rosinen, Mandeln, Rum und Sirup hineingeben. Die Äpfel im vorgeheizten Backofen auf der 2. Einschubleiste von unten bei 230 Grad (Gas 4–5, Umluft 210 Grad) ca. 30 Minuten backen.

**2.** Dann mit einer Schaumkelle durch ein Sieb drücken, Weißwein und Calvados dazugeben und kurz aufkochen. Etwas abkühlen lassen und zu der Creme servieren.

**Zubereitungszeit: 40 Minuten**
**Pro Portion** 2 g E, 7 g F, 27 g KH = 221 kcal (926 kJ)

# Birnen-Orangen-Kompott

**Für 4 Portionen:**
2 Birnen (à ca. 150 g)
Saft von 1/2 Zitrone
2 Orangen
60 g Zucker
50 ml Orangensaft
30 g Pistazien

**1.** Die Birnen schälen, vierteln, entkernen, in Spalten schneiden und in Zitronenwasser legen. Orangen einschließlich der weißen Haut schälen und die Filets zwischen den Trennhäuten herausschneiden.

**2.** Den Zucker in einem Topf schmelzen, mit dem Orangensaft ablöschen und ca. 5 Minuten einkochen lassen. Pistazien, Birnenspalten und Orangenfilets dazugeben und zu der Creme servieren.

**Zubereitungszeit: 25 Minuten**
**Pro Portion** 3 g E, 4 g F, 34 g KH = 189 kcal (789 kJ)

## PROFI-TIP

### Köstliches aus Bratäpfeln
Bratäpfel bieten mehr, z. B. die Basis für köstliche Desserts. Fertige Bratäpfel durchs Sieb streichen. Für Bratäpfel-Mousse eingeweichte Gelatine in angewärmtem Rum auflösen und mit etwas Püree verrühren. Diesen Ansatz dann ins restliche Püree geben, Zitronensaft, Eischnee und geschlagene Sahne mit dem Schneebesen unterrühren und 2 Stunden in den Kühlschrank stellen. Zum Servieren mit einem heißen Löffel Nocken aus der Mousse stechen und mit Walnüssen in Honig-Karamel servieren. Für Bratäpfel-Parfait Eigelb mit Zucker und Milch über einem warmen Wasserbad auf- und anschließend über Eiswasser kalt schlagen. Dann das Püree dazugeben, außerdem Grenadinesirup, steif geschlagene Sahne und mit viel Zucker steif geschlagenes Eiweiß. Die Masse in eine mit Klarsichtfolie ausgelegte Terrinen- oder Rehrückenform geben und über Nacht gefrieren lassen. Zum Servieren in Scheiben schneiden und auf Tellern mit Fruchtsaucen anrichten.

# Knoblauch, Käse, bloß kein Kochbuch!
## Katerina Jakob

**KNOBLAUCHHUHN**
*Eine der wenigen Konstanten in Katerina Jakobs Küchenrepertoire – ansonsten liebt sie sogenanntes Free-Style-Cooking ohne feste Rezepte*

## *Knoblauchhuhn*

Für 4 Portionen:
2 Hähnchen
(à ca. 1,1 kg, küchenfertig)
Salz, Pfeffer
1 Tl Paprikapulver (edelsüß)
15 mittelgroße
Knoblauchzehen
5 El Olivenöl
400 ml Weißwein
2 Zitronen

**1.** Hähnchen innen und außen waschen und trockentupfen. Innen und außen mit Salz, Pfeffer und Paprikapulver einreiben. Die Knoblauchzehen pellen.

**2.** Olivenöl in einem Bräter erhitzen. Hähnchen auf der Brustseite 4–5 Minuten gut anbraten, dann umdrehen und weitere 4–5 Minuten anbraten. Knoblauchzehen dazugeben und kurz anschmoren.

**3.** Mit dem Weißwein ablöschen und etwas einkochen lassen. Zitronen schälen, in dünne Scheiben schneiden und dazugeben. Im vorgeheizten Backofen auf der 2. Einschubleiste von unten bei 200 Grad (Gas 3, Umluft 180 Grad) ca. 1 1/4 Stunden schmoren. Zwischendurch mit dem Bratensaft begießen.

**4.** Die Hähnchen aus dem Bräter nehmen und in 8 Teile schneiden. Mit dem Knoblauch und Bratensaft servieren. Dazu passen Bratkartoffeln.

**Zubereitungszeit: 2 Stunden**
**Pro Portion** 81 g E, 51 g F,
8 g KH = 830 kcal (3472 kJ)

Wie sie ißt und den Wein genießt, wie sie erzählt von anderen Restauranterlebnissen, Abenteuern am eigenen Herd oder ihrer Kochphilosophie – mit Katerina Jakob einen Abend in einem guten Restaurant zu verbringen, mit Essen, Trinken und Genuß als Leitthema des Tischgesprächs, ist ein Vergnügen! Kulinarik ist für sie nichts Aufgesetztes, Status-Esser und steife Atmosphäre sind ihr ein Greuel, auch im Sterne-Lokal verlangt sie Salz, wenn's nötig ist. „Zum guten Essen gehört mehr als das Essen: Gespräche, Ambiente, sich wohl fühlen. Ich muß mich auch nicht jeden Abend aufschnackseln ohne Ende, ich möchte auch mal mit 'ner Jeans gut essen gehen können." Deshalb bevorzugt sie die von ihr so getauften „Mitteldingrestaurants", Lokale wie ihr Lieblingsgasthof in Münsing am Starnberger See: „Dort haben sie eine Küche wie mit einem Stern, aber Atmosphäre und Preise eines ganz normalen bayerischen Gasthofs."

Ihren eigenen Kochstil bezeichnet Katerina Jakob als Free-Style-Cooking (Englisch geht ihr leicht über die Lippen, schließlich hat sie ein Haus in Kanada): „Ich stelle mir vor, was zusammenpassen könnte, wie es schmecken könnte, und dann wird tierisch experimentiert." Das Ergebnis ist immer ein Unikat, Wiederholungen gibt es nicht, Kochbücher findet sie „total langweilig und fad". Sie liebt Knoblauch – „Es gibt nichts besseres als meinen selbst eingelegten Knoblauch" – und guten Käse. Fleisch oder Geflügel kommt nur in den Topf, wenn sie das Tier gekannt hat, „mit Namen, Adresse und Altersangabe". Sie kann improvisieren, und sie kann locker für acht Leute kochen, Vorspeise und Hauptgericht.

Was sie nicht kann, ist Süßes und Gebäck. Das wird gekauft oder von ihrer Mutter beigesteuert: „Meine Mutter macht eine sensationelle Nachspeise, in der Mitte Vanillepudding und außen herum Rhabarberkompott – da könnte ich mich reinsetzen."

> *„Ich stelle mir vor, was zusammenpassen könnte, wie es schmecken könnte, und dann wird tierisch experimentiert."*
>
> **KATERINA JAKOB**

## Johann Lafers Curryhuhn

Für 4 Portionen:
je 2 große rote und grüne Pfefferschoten
13 Knoblauchzehen
10 kleine Schalotten
20 g Butterschmalz
150 g ganze Mandeln (geschält)
1 El Currypulver
750 ml Geflügelfond
250 ml Milch
1 Maispoularde (ca. 1,2 kg, küchenfertig)
Salz, 20 ml Rapsöl
100 g frischer Blattspinat
3 Tomaten (à ca. 70 g)
20 g Butter
1/2 Bund Koriandergrün
Pfeffer, Muskatnuß

**1.** Pfefferschoten halbieren, entkernen und in 2 cm große Stücke schneiden. Knoblauchzehen und Schalotten pellen.

**2.** Das Butterschmalz in einem hohen Topf erhitzen, die ganzen Schalotten und 10 Knoblauchzehen darin anschwitzen. Die Mandeln dazugeben und leicht bräunen, dann die Pfefferschotenstücke dazugeben und andünsten. Das Currypulver darüberstäuben und ganz kurz anrösten. Mit dem Geflügelfond ablöschen und mit der Milch auffüllen. Etwas einkochen lassen. Vom Huhn die Flügel und die Fußgelenke abtrennen, in die Geflügel-Milch-Mischung geben und ca. 10 Minuten garen, salzen.

**3.** Die ganze Poularde in die Brühe geben und 5–7 Minuten garen. Aus der Brühe nehmen und etwas abkühlen lassen. Dann die Keulen abtrennen und die Brüste auslösen. Das Rapsöl in einer Pfanne erhitzen und die Poulardenteile mit der Haut nach unten darin anbraten, salzen. Im vorgeheizten Backofen auf der 2. Einschubleiste von unten bei 180 Grad (Gas 2–3, Umluft 160 Grad) in ca. 20 Minuten fertig garen.

**4.** Die Brühe mit einem Schneidstab kurz aufmixen. Durch ein grobes Sieb passieren, dabei die Rückstände gut ausdrücken. Etwa 5 Minuten einkochen lassen.

**5.** Den Spinat putzen, in kochendem Wasser ca. 1 Minute blanchieren und in Eiswasser abschrecken. Die Tomaten über Kreuz einritzen, ebenfalls kurz blanchieren und abschrecken. Dann häuten, vierteln, entkernen und das Fruchtfleisch in Spalten schneiden. Die restlichen Knoblauchzehen würfeln. Butter in einer Pfanne erhitzen, Knoblauch darin glasig andünsten, den Spinat sehr gut ausdrücken und in der Knoblauchbutter erhitzen. Mit Salz, Pfeffer und Muskat würzen.

**6.** Die passierte Sauce kurz aufmixen, die Tomatenspalten und das gehackte Koriandergrün dazugeben. Poularde auf dem Blattspinat mit der Sauce und Kartoffeltalern (siehe folgendes Rezept) servieren.

**Zubereitungszeit: 1 Stunde**
**Pro Portion** 46 g E, 42 g F, 6 g KH = 591 kcal (2474 kJ)

**LAFERS CURRYHUHN MIT MANDELN**
*Das delikate Huhn ruht auf Spinat, die fein gewürzte Sauce ist mit Tomaten angereichert, dazu gibt es Kartoffeltaler*

## Kartoffeltaler

Für 4 Portionen:
400 g Kartoffeln
50 g Butter
1 Eigelb (Kl. L)
Salz, Pfeffer, Muskatnuß
1 El Kartoffelstärke
50 g Schalotten
1 El glatte Petersilie (gehackt)
Mehl zum Bearbeiten

**1.** Die Kartoffeln mit Schale in einem Dämpfeinsatz garen. 20 g Butter schmelzen.

**2.** Die Kartoffeln noch warm pellen und durch eine Kartoffelpresse drücken. Mit Eigelb, flüssiger Butter, Salz, Pfeffer, Muskat und Stärke zu einem glatten Teig verarbeiten.

**3.** Die Schalotten pellen und in feine Würfel schneiden. 10 g Butter in einer Pfanne erhitzen und die Schalotten darin goldbraun braten. Mit der gehackten Petersilie zu dem Kartoffelteig geben.

**4.** Aus dem Teig auf einer bemehlten Arbeitsfläche eine ca. 5 cm dicke Rolle formen. Jeweils ca. 2 cm dicke Scheiben abschneiden, zu Talern formen und in der restlichen heißen Butter von beiden Seiten goldbraun braten. Zum Curryhuhn servieren.

**Zubereitungszeit: 40 Minuten**
**Pro Portion** 4 g E, 12 g F, 19 g KH = 205 kcal (859 kJ)

# Wildbret für den Fernseh-Förster
## *Christian Wolff*

**REHRÜCKENFILETS
MIT ROTWEINSAUCE**
*Das zarte Fleisch gelingt am besten bei hoher Temperatur und kurzer Garzeit. Spätzle und Rotkohl sind klassische Beilagen*

## Rehrückenfilets mit Rotweinsauce

Für 4 Portionen:
1 Bund Suppengrün (200 g)
4 Wacholderbeeren
1 Rehrücken mit Knochen (ca. 1,8 kg)
60 g Butterschmalz
2 Tl Tomatenmark
400 ml Rotwein
800 ml Wildfond (Glas)
Salz, Pfeffer

**1.** Das Suppengrün putzen, waschen und grob zerkleinern. Die Wacholderbeeren grob zerdrücken.

**2.** Die Filets (auch die beiden kleinen auf der Unterseite) aus dem Rehrücken auslösen und bis zur weiteren Verwendung kalt stellen. Die Rehrückenknochen in kleine Stücke hacken und in 30 g heißem Butterschmalz bei starker Hitze von allen Seiten sehr kräftig anbraten. Suppengrün, Wacholderbeeren und Tomatenmark dazugeben und kurz mit anrösten. Mit dem Rotwein ablöschen und so lange bei mittlerer Hitze einkochen, bis fast keine Flüssigkeit mehr vorhanden ist. Mit Wildfond aufgießen und im offenen Topf bei mittlerer Hitze auf 1/3 einkochen. Die eingekochte Sauce durch ein sehr feines Sieb passieren und mit Salz und Pfeffer würzen.

**3.** Das restliche Butterschmalz in einer Pfanne erhitzen. Jedes große Filet in zwei Teile schneiden, salzen und pfeffern und im heißem Butterschmalz auf jeder Seite ca. 1 Minute kräftig anbraten. In die Saftpfanne legen und im vorgeheizten Backofen auf der 2. Einschubleiste von unten bei 220 Grad (Gas 4, Umluft 200 Grad) 10–12 Minuten fertig garen. Nach 6 Minuten die kleinen Filets dazugeben. Die Filets aus dem Ofen nehmen, in Alufolie wickeln und ca. 10 Minuten ruhenlassen. Die Sauce nochmals aufkochen.

**4.** Die Filets mit der Sauce servieren. Dazu passen Spätzle und Rotkohl.

**Zubereitungszeit: 1 1/2 Stunden**
**Pro Portion 54 g E, 18 g F, 2 g KH =**
**402 kcal (1684 kJ)**

Ein Reh selbst zu schießen, das kann er sich auch nach zehn Jahren als Protagonist der TV-Serie „Forsthaus Falkenau" nicht vorstellen. „Aber in der Küche selbst habe ich heute vor nichts mehr Angst", betont der Schauspieler mit sonorer Stimme, „wenn's sein muß, koche ich alles." Zum kochenden Mann wurde er „aus Notwendigkeit" im Laufe seiner drei Ehen. Die erste Frau konnte nicht kochen – „Aber damals war mir das auch nicht wichtig" –, die zweite konnte kochen, aber die Beziehung war irgendwann zu Ende, und als Christian Wolff seine dritte Frau kennenlernte, da konnte die höchstens mal ein Ei kochen. „Ich konnte auch nicht viel, aber ich habe dann Spaß daran gefunden", erzählt er.

Das ist jetzt fast ein Vierteljahrhundert her, und über die Jahre hat er sich, anfangs mit Hilfe des von der Schwiegermutter gesponserten »e&t«-Abos, durch die bürgerliche, die feine und die Küche fremder Länder gekocht.

In letzter Zeit sind leider aus gesundheitlichen Gründen Eier, Butter, Sahne, Krustentiere vom Küchenzettel verbannt, aber der Gourmandise tut das keinen Abbruch. Im Gegenteil, Wolff wandte sich verstärkt der mediterranen und der nah- und fernöstlichen Gemüse- und Fischküche zu, entwickelte einen neuen, schlanken Kochstil, der auch seiner Gattin zusagt. Denn die ist, wenn auch selbst nicht kochbegabt, so doch Genießerin und wichtigster Partner im kulinarischen Dialog. „Heute koche ich im Einklang mit den Ärzten", beschreibt der Mime diesen Stil, „und erkaufe mir dadurch den gelegentlichen Besuch in einem Gourmet-Lokal." Bevorzugt bei Heinz Winkler in Aschau, der ihm räumlich wie menschlich nahe ist. Eines hat sich nicht geändert: Anders als andere Männer am Herd hinterläßt Christian Wolff kein Chaos in der Küche. „Weil ich dir das ersparen will", sagt er. „Weil du ein Ästhet bist", sagt seine Frau Marina.

> „Heute koche ich im Einklang mit den Ärzten und erkaufe mir dadurch den gelegentlichen Besuch in einem Gourmet-Lokal."
>
> **CHRISTIAN WOLFF**

# Rehrouladen mit Preiselbeerfüllung

Für 4 Portionen:
1 Orange (unbehandelt)
1 Glas Preiselbeeren (200 g)
10 g Zucker
200 ml Schlagsahne
60 g Weißbrot
40 g Butter
4 Rehschnitzel
(aus der Keule, à ca. 160 g)
Salz, Pfeffer
80 g Möhren
80 g Knollensellerie
1/2 Porreestange
30 g Butterschmalz
80 ml Rotwein
500 ml Wildfond
(siehe folgendes Rezept)

**1.** Von der Orange die Schale fein abreiben und den Saft auspressen. Die Preiselbeeren abtropfen lassen und den Saft auffangen. Orangen- und Preiselbeersaft und Zucker in einem Topf auf die Hälfte einkochen. 120 ml Sahne in einem Topf einkochen, bis sie dickflüssig ist. Mit dem Saft verrühren und einmal aufkochen.

**2.** Das Weißbrot entrinden und fein würfeln. Die Butter in einer Pfanne erhitzen, die Weißbrotwürfel darin goldbraun rösten. Mit den Preiselbeeren und der Orangenschale unter die Sahnesauce heben.

**3.** Die Schnitzel zwischen einem Gefrierbeutel flachklopfen, salzen und pfeffern. Etwa 1 El von der Preiselbeerfüllung auf jedes Schnitzel geben (die restliche Füllung zur Seite stellen). Die Ränder umklappen und die Schnitzel zu einer Roulade aufrollen. Mit einem Holzstäbchen zusammenstecken, rundherum salzen und pfeffern.

**4.** Möhren und Sellerie schälen, waschen und fein würfeln, Porree putzen, waschen, in dünne Ringe schneiden.

**5.** Das Butterschmalz erhitzen und die Rouladen darin rundherum anbraten. Erst Möhren und Sellerie dazugeben und gut anrösten. Dann den Porree dazugeben, mit dem Rotwein ablöschen und etwas einkochen. Mit dem Wildfond auffüllen, die Rouladen zugedeckt 35–40 Minuten garen.

**6.** Die Rouladen aus der Sauce nehmen und warm stellen. Die Sauce durch ein Sieb passieren, Rückstände dabei gut ausdrücken. Auf die Hälfte einkochen. Die restliche Sahne steif schlagen und unter die Sauce ziehen. Rouladen mit der Sauce, restlicher Füllung und Rotkohlknödeln (siehe folgendes Rezept) servieren.

**Zubereitungszeit: 1 1/2 Stunden**
**Pro Portion 38 g E, 38 g F,**
**23 g KH = 608 kcal (2544 kJ)**

## Rotkohlknödel

Für 4 Portionen:
400 g Rotkohl
6 El Apfelmus
2 Zimtstangen
1 El flüssiger Honig
150 ml Rotwein
Salz, 50 g Schalotten
20 g Butterschmalz
2 Gewürznelken
4 Wacholderbeeren
1 Lorbeerblatt
6 Pfefferkörner (geschrotet)
1 Apfel (ca. 160 g)
2 El Speisestärke, 80 g Mehl
2 Eier (Kl. L)
150 g Semmelbrösel
80 g Fett zum Fritieren

**1.** Den Rotkohl putzen und in feine Streifen schneiden. Mit dem Apfelmus, Zimtstangen, Honig und 50 ml Rotwein mischen und gut durchkneten. Mit Salz würzen und 3–4 Stunden marinieren.

**2.** Die Schalotten pellen, in feine Würfel schneiden und im Butterschmalz glasig dünsten. Die Gewürze in ein Leinensäckchen binden. Den marinierten Rotkohl, die Gewürze und den restlichen Rotwein zu den Schalotten geben und 30 Minuten schmoren. Gewürzsäckchen und Zimtstangen herausnehmen.

**3.** Den Apfel mit Schale in feine Würfel schneiden, zu dem Rotkohl geben, einmal aufkochen. Die Speisestärke mit kaltem Wasser anrühren und den Kohl damit binden. Noch einmal mit Salz abschmecken. Den Kohl auskühlen lassen.

**4.** Aus dem kaltem Rotkohl mit einem Eisportionierer 8 gleich große Knödel formen. Auf einem Tablett für 1–2 Stunden ins Gefriergerät legen, damit die äußere Schicht der Knödel gefroren wird. Herausnehmen, erst im Mehl, dann in den verquirlten Eiern und Semmelbröseln wenden.

**5.** Das Fett auf 180 Grad erhitzen und die Knödel darin in ca. 5 Minuten ausbacken. Zu den Rehrouladen servieren.

**Zubereitungszeit: 45 Minuten**
**(plus Marinierzeit)**
**Pro Portion 11 g E, 30 g F,**
**57 g KH = 551 kcal (2306 kJ)**

## Wildfond

Für ca. 500 ml:
50 g Porree
250 g Zwiebeln
150 g Möhren
150 g Staudensellerie
30 g Butterschmalz
Knochen von 1 Rehkeule
(vom Wildhändler
in Stücke gehackt )
400 ml Rotwein
10 Wacholderbeeren
5 weiße Pfefferkörner
2 Lorbeerblätter
1/2 Bund Thymian
3 Zweige Rosmarin
1 Tl Tomatenmark
750 ml Kalbsfond (Glas)
Salz

**1.** Porree, Zwiebeln, Möhren und Staudensellerie putzen, schälen und würfeln. Butterschmalz in einem Bräter erhitzen, die klein gehackten Knochen darin anrösten, mit 100 ml Rotwein ablöschen und einkochen. Gemüsewürfel dazugeben und mitrösten. Wacholderbeeren, Pfefferkörner, Lorbeerblätter, Thymian und Rosmarin dazugeben und ebenfalls mitrösten. Zum Schluß das Tomatenmark dazugeben und kurz mitrösten. Mit dem restlichen Rotwein und dem Kalbsfond aufgießen und salzen. Den Wildfond 1 Stunde, 10 Minuten leise kochen lassen. Dann durch ein mit einem Passiertuch ausgelegtes Sieb gießen, entfetten und, falls nötig, nochmals auf 500 ml einkochen. Für die Rehrouladen verwenden.

**Zubereitungszeit: 1 1/2 Stunden**
**Insgesamt 3 g E, 20 g F,**
**5 g KH = 270 kcal (1129 kJ)**

**REHROULADEN**
**Mit Preiselbeeren gefüllt und sanft geschmort. Höchst ungewöhnliche Beilage: Rotkohlknödel**

# Kalbsnierchen und Kästner-Lyrik
# *Erich Hallhuber*

**KALBSNIERCHEN**
*Mit Senfrahmsauce und Kartoffeln – Hausmannskost im besten Sinne, so wie Erich Hallhuber sie mag*

## Kalbsnieren in Senfrahmsauce

Für 4 Portionen:
2 Kalbsnieren (à ca. 400 g)
300 ml Milch
50 g Schalotten
1/2 Bund Thymian
25 g Butterschmalz
Salz, Pfeffer
20 g Butter
2 El Dijonsenf
2 El Balsamessig
150 ml Kalbsfond
125 ml Schlagsahne
2 El glatte Petersilie (gehackt)
2 El geschlagene Sahne

**1.** Die Kalbsnieren vom Fett befreien, gründlich putzen und in Röschen teilen. Über Nacht in der Milch einlegen.

**2.** Die Schalotten pellen und in feine Würfel schneiden. Die Thymianblättchen abzupfen und fein hacken.

**3.** Die Nieren aus der Milch nehmen und trockentupfen. Das Butterschmalz in einer Pfanne erhitzen, die Nieren dazugeben und rundherum 4–5 Minuten braten. Mit Salz und Pfeffer würzen. Aus der Pfanne nehmen und beiseite stellen.

**4.** Butter in der gleichen Pfanne erhitzen, die Schalottenwürfel darin glasig dünsten, Senf und Thymian dazugeben. Mit Balsamessig ablöschen und mit Fond und Sahne auffüllen. Alles ca. 5 Minuten leise kochen und mit Salz und Pfeffer abschmecken. Die Nieren in die Sauce geben und kurz erwärmen.

**5.** Zum Schluß die gehackte Petersilie und die geschlagene Sahne unterheben. Dazu passen Petersilienkartoffeln.

**Zubereitungszeit:** 35 Minuten
**Pro Portion** 34 g E, 33 g F, 5 g KH = 453 kcal (1899 kJ)

Der Münchner Schauspieler ist ein Mensch, in dessen Leben Kulinarik einen festen Platz hat: „Das Dach über dem Kopf, die Libido, das Lukullische – das alles sollte man sich so gestalten, so daß es einem Wohlbefinden gibt." In punkto Genußfähigkeit war Erich Hallhuber schon als Kind „gottbegnadet": „Meine Mutter hat gekocht, meine Großmutter hat gekocht, meine sämtlichen Tanten haben gekocht – schon damals hatte ich 20, 30 Leibgerichte, mit denen man mich glücklich machen konnte." Auf den Tisch kam vor allem einfache bayerische Hausmannskost, „schwer und sättigend, aber von göttlichem Geschmack" –, Gerichte, die heute quasi auf der roten Liste der vom Aussterben bedrohten Rezepte stehen. Viele der deftigen Schmankerl sind heute noch Teil seines Repertoires, Nierchen, saure Lunge, Gänsesauer, Kesselfleisch, vieles aus der Frühzeit hat er aber auch abgelegt. Zugunsten einer leichteren, bewußten Küche, denn „wer will schon irgendwann wie ein Schwein aussehen."

Die Einflüsse waren vielfältig, Simmels „Es muß nicht immer Kaviar sein", Italien und nicht zuletzt verschiedene Freundinnen. Wobei es nicht immer leicht war, mit den Frauen auf einen Nenner zu kommen. Die Isländerin in der Zeit seines ersten Engagements in Köln kochte Stockfisch und eingegrabenen Wal – „Damit habe ich sie auf den Balkon geschickt" –, seine derzeitige Freundin und er haben sehr konträre Eßgewohnheiten. „Aber sie ißt wahnsinnig gern. Ich könnte auch keinen Menschen ausstehen, der nicht gern ißt."

Erich Hallhuber kocht gern für Freunde, „sechs ist eine gute Zahl, das ist ein überschaubarer Tisch", Nudeln mit Sugo, Fisch aus dem Backofen, Kalbsmedaillons mit Zitronensauce, ein Spezial-Dessert. Und wenn's ihm richtig gutgeht dabei, rezitiert er für die Tafelrunde Gedichte von Erich Kästner. Auf eine Art, der man sich nicht entziehen kann. Aber das ist eine andere Geschichte.

> „Ich könnte keinen Menschen ausstehen, der nicht gern ißt."
>
> **ERICH HALLHUBER**

## Gefüllte Kalbsbrustspitze

Für 4–6 Portionen:
180 g getrocknete Feigen
Saft und Schale von
1/2 Zitrone
50 g scharfer Senf
Chili (Mühle)
1 kg Kalbsbrustspitze
(beim Metzger vorbestellen)
30 ml Rapsöl
Saft und Schale von
1 Limette
5 Thymianzweige
2 Lorbeerblätter
150 g Möhren
250 g Knollensellerie
2–3 Frühlingszwiebeln
Salz, Pfeffer
50 ml Sojasauce
500 ml roter Portwein

**1.** Die Feigen grob würfeln und mit Zitronensaft, Zitronenschale, Senf und Chili pürieren.

**2.** In die Kalbsbrust der Länge nach eine Tasche schneiden, den Feigensenf hineinstreichen, die Öffnung mit Rouladennadeln verschließen. In eine große Arbeitsschale legen.

**3.** 10 ml Öl auf das Fleisch träufeln, Limettensaft und -schale daraufgeben. Thymian und Lorbeer darauflegen. Die Schale mit Klarsichtfolie abdecken und das Fleisch im Kühlschrank über Nacht marinieren. Möhren und Sellerie schälen und in Stücke schneiden. Frühlingszwiebeln putzen, waschen und in 2 cm große Stücke schneiden.

**4.** Die Kalbsbrust aus der Schale nehmen, die Kräuter zur Seite legen. Das restliche Öl in einem Bräter erhitzen und die Kalbsbrust rundherum kräftig anbraten. Mit Salz und Pfeffer würzen.

**5.** Die Kalbsbrust aus dem Bräter nehmen, das Gemüse hineingeben und darin anschwitzen. Mit der Sojasauce ablöschen und mit 200 ml Wein auffüllen. Die Brust wieder in den Bräter geben und die Kräuter aus der Marinade wieder darauflegen. Zugedeckt im vorgeheizten Backofen auf der 2. Einschubleiste von unten bei 180 Grad (Gas 2–3, Umluft 160 Grad) etwa 1 1/2 Stunden schmoren. Den restlichen Wein nach und nach dazugießen und das Fleisch immer wieder mit dem Bratfond begießen.

**6.** Die Kalbsbrust herausnehmen und warm stellen. Den Fond durch ein Sieb passieren und mit Salz und Pfeffer abschmecken. Die Kalbsbrust in Scheiben schneiden, mit der Sauce und gefüllten Tomaten (siehe folgendes Rezept) servieren.

**Zubereitungszeit: 2 Stunden (plus Marinierzeit)**
**Pro Portion (bei 6 Portionen)** 34 g E, 17 g F, 23 g KH = 405 kcal (1699 kJ)

**GEFÜLLTE KALBSBRUST**
*Die Füllung ist ein Kracher! Der selbstgemachte Feigensenf harmoniert wunderbar mit dem Kalbfleischgeschmack*

## Gefüllte Tomaten

Für 4 Portionen:
500 g Knollensellerie
Saft von 1 Zitrone
300 ml Schlagsahne
4 Fleischtomaten
(à ca. 170 g)
Salz, Cayennepfeffer
Muskatnuß
Fett für die Form
50 g Allgäuer Bergkäse
(gerieben)

**1.** Den Sellerie schälen und fein würfeln. Sofort mit Zitronensaft beträufeln, damit er nicht braun wird. In 200 ml Sahne weich kochen, dabei gelegentlich umrühren.

**2.** Die Tomaten auf beiden Seiten über Kreuz einritzen, in kochendem Wasser kurz blanchieren und in Eiswasser abschrecken. Die Haut abziehen, den oberen Teil jeder Tomate als Deckel abschneiden und zur Seite legen. Die Tomaten mit einem Löffel aushöhlen.

**3.** Mit einem Schneidstab den gekochten Sellerie fein pürieren. Mit Salz, Cayennepfeffer und Muskat abschmecken. Die restliche Sahne steif schlagen und unter das Püree heben.

**4.** Die Tomaten in eine gefettete Auflaufform setzen, etwas salzen. Das Selleriepüree in die Tomaten füllen, die Deckel daraufsetzen und den Käse daraufstreuen. Unter dem Grill überbacken, bis der Käse goldbraun geschmolzen ist. Zu der gefüllten Kalbsbrustspitze servieren.

**Zubereitungszeit: 30 Minuten**
**Pro Portion** 9 g E, 29 g F, 12 g KH = 342 kcal (1438 kJ)

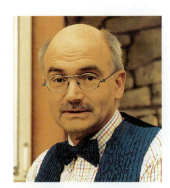

# Herr Doktor und die Fischphobie
## Dr. Günter Gerhardt

**REIBEKUCHEN MIT RÄUCHERLACHS**
*Dr. Gerhardt (ZDF-Sendung „Gesundheit!") brauchte ein paar Jahre, um sich zum Fischliebhaber zu entwickeln*

## Reibekuchen mit Räucherlachs

Für 4 Portionen:
1 kg Kartoffeln
100 g Zwiebeln
1 Bund glatte Petersilie
2 Eigelb (Kl. L)
1 Ei (Kl. L)
Salz
2 El Speisestärke
50 ml Öl
200 g Räucherlachs
in Scheiben
3 El Crème fraîche
1/2 Bund Dill

**1.** Die Kartoffeln schälen, waschen und fein reiben. Die Zwiebeln pellen und fein reiben. Die Petersilie abzupfen und fein hacken. Kartoffeln und Zwiebeln miteinander vermengen und in einem Küchentuch gut ausdrücken.

**2.** Eigelb, Ei, Salz, Speisestärke und Petersilie unter die Kartoffel-Zwiebel-Masse rühren.

**3.** 25 ml Öl in einer großen Pfanne erhitzen. Die Hälfte des Kartoffelteiges in 4 Portionen in die Pfanne geben, glattstreichen und bei mittlerer Hitze auf jeder Seite in 2 Minuten goldbraun braten. Die andere Hälfte mit dem restlichen Öl ebenso braten. Die Reibekuchen auf Küchenpapier etwas abtropfen lassen. Mit Räucherlachs, Crème fraîche und Dillzweigen servieren.

**Zubereitungszeit:** 35 Minuten
**Pro Portion** 19 g E, 27 g F, 36 g KH = 468 kcal (1962 kJ)

Früher war Fisch etwas Furchtbares für den Pfälzer, ein lebensbegleitender Gaumenterror („Der Fisch hat mich verfolgt, muß ich sagen.") Wie das kam? Erstens war es damals fern der Küste mit Fischqualität ohnehin nur so lala. Und zweitens war die kirchlich-strenge Internatskost nicht die frischeste. „Jeden Freitag Fisch", erinnert sich der Arzt mit Grausen, „billig eingekauft und grau." Später dann die medizinische Ausbildung in katholischen Krankenhäusern, und kein Ende der allwöchentlichen Antiklimax in Sicht. Denn was gab es da immer freitags? Fisch. („Die ganze Klinik hat danach gestunken.") Dann lernte der angehende Arzt seine Frau Johanna kennen. Und was war deren Lieblingsessen? Dreimal darf man raten. „Da hab' ich gesagt: Hör mir doch bloß auf mit dem Zeug."

Aber statt „aufzuhören" kurierte sie, die durch norddeutsche Verwandtschaft mit dem guten, frischen Rohprodukt vertraut war, ihren Gatten von der Fischphobie. Und auf den Lachs brachte ihn dann ein Freund, der in Norwegen Wildlachs angelt. Heute zählen die Kiementiere zu Dr. Gerhardts Lieblingsspeisen.

Aber er mag auch Schweinernes wie Saumagen und andere Pfälzer Deftigkeiten. Ebenso die Küche des Elsaß und der anderen französischen Regionen. Überhaupt Frankreich – die Zeit als Austauschschüler bei einer Familie im Nachbarland war kulinarisch prägend: „Das Auto ein rostiger Klapperkasten, die Hausfassade abgebröckelt, innen drin der Sessel kaputt, aber die Leute haben es sich nicht nehmen lassen, stundenlang zu essen. Mit Rotwein, Wasser und Gesprächen. Das Essen war einfach wichtig und gut, nicht so wie bei uns, wo man sich schnell alles reinschob." Französische Lebensart, ein Gewinn nicht nur in kulinarischer, sondern auch in medizinischer Hinsicht? „Ich weiß als Arzt und Psychotherapeut, daß Genießen, wenn man's richtig macht, auch die Gesundheit fördert."

> *„Genießen – wenn man's richtig macht – kann die Gesundheit fördern."*
> **GÜNTER GERHARDT**

## Mit Gemüse gefüllte Lachsschnitte

Für 4 Portionen:
70 g Möhren
70 g Knollensellerie
70 g Zucchini
90 g Schalotten
3 Knoblauchzehen
40 g Pinienkerne
Salz
4 Lachsfilets ohne Haut (à ca. 180 g)
120 g Butter (davon 50 g eiskalt)
Pfeffer
1 El glatte Petersilie (gehackt)
4 cl trockener Wermut
150 ml Fischfond
100 ml Weißwein
2 Tomaten (ca. 200 g)
100 ml Schlagsahne
1/2 El Estragonblätter

**1.** Das Gemüse putzen, waschen und in 8–9 cm lange, dünne Streifen schneiden. Schalotten pellen, 30 g in Würfel, die restlichen in Streifen schneiden. Die Knoblauchzehen pellen und fein würfeln. Die Pinienkerne in einer Pfanne ohne Fett hellbraun rösten, grob hacken.

**2.** Das Gemüse in kochendem Salzwasser blanchieren, in Eiswasser abschrecken und auf Küchenpapier abtropfen lassen.

**3.** Jedes Lachsfilet in der Mitte 3–4 cm breit durchschneiden und jeweils ein paar gemischte Gemüsestifte durch den Schlitz stecken.

**4.** 30 g Butter in einer Pfanne erhitzen. Die Schalottenwürfel und Würfel von 2 Knoblauchzehen darin goldbraun rösten. Die Pinienkerne dazugeben, mit Salz und Pfeffer abschmecken. Die Petersilie unterheben.

**5.** Die Schalottenstreifen und den restlichen Knoblauch in 40 g Butter ohne Farbe anschwitzen. Mit dem Wermut ablöschen, mit dem Fischfond und Weißwein auffüllen und aufkochen. Die gefüllten Lachsfilets in einen Dämpfeinsatz legen, salzen und auf den Topf setzen. Den Lachs zugedeckt ca. 5 Minuten dämpfen und bis zum Servieren im Backofen bei ca. 60 Grad warm halten.

**6.** Den Fond auf die Hälfte einkochen. In der Zwischenzeit die Tomaten über Kreuz einritzen und mit heißem Wasser überbrühen. Dann häuten, vierteln, entkernen und würfeln. Die Sahne zu dem eingekochten Fond geben und nochmals etwas einkochen lassen. Mit dem Schneidstab pürieren. Die restliche kalte Butter in die Sauce einrühren, bis eine sämige Konsistenz entsteht. Den Estragon hacken und unterheben. Die Tomatenwürfel dazugeben und die Sauce mit Salz und Pfeffer abschmecken.

**7.** Die Pinienkernmischung wieder erwärmen. Den Lachs auf den Kräuterkartoffeln (siehe folgendes Rezept) anrichten und die Pinienkerne über den Lachs verteilen. Mit der Weißweinsauce servieren.

**Zubereitungszeit:** 1 Stunde
**Pro Portion** 38 g E, 49 g F, 7 g KH = 639 kcal (2674 kJ)

## Gestampfte Kräuterkartoffeln

Für 4 Portionen:
600 mehligkochende Kartoffeln, Salz
1/2 Bund glatte Petersilie
1/2 Bund Schnittlauch
3–4 Zweige Thymian
3 Stiele Basilikumblätter
200 ml Schlagsahne
50 g Butter
Pfeffer, Muskatnuß

**1.** Die Kartoffeln schälen, waschen, in Stücke schneiden und in einem Dämpfeinsatz über Salzwasser gar kochen. Die Kräuter abzupfen, fein hacken, abdecken und bis zur weiteren Verwendung beiseite stellen.

**2.** Die Sahne mit der Butter und Salz in einem Topf etwas einkochen und die gekochten Kartoffeln dazugeben. Mit einem Kartoffelstampfer zerstampfen und mit Pfeffer und Muskat würzen. Die gehackten Kräuter unterheben und die Kartoffeln zum Lachs servieren.

**Zubereitungszeit:** 45 Minuten
**Pro Portion** 4 g E, 26 g F, 20 g KH = 323 kcal (1355 kJ)

### GEFÜLLTE LACHSSCHNITTE
*Schmeckt hervorragend und macht auch optisch was her: außen Lachsfilet, innen zarte Gemüsestreifen, drumherum sahnige Weißweinsauce*

## PROFI-TIP

### Schonendes Garen von Fisch

*Mit den beiden folgenden Methoden gelingen Johann Lafer besonders saftige und geschmacksintensive Fischgerichte:*

*1. Garen im Vakuumbeutel bei Niedrigtemperatur. Zwei küchenfertige Forellen in einen Beutel geben. Für einen Sud Schalotten und Knoblauch in Butter andünsten, Limettenschale, Wermut, Weißwein und Salz hineingeben und durchkochen. Dann Kräuter wie Schnittlauch, Thymian, Petersilie hinzufügen, in den Beutel gießen und vakuumieren oder fest verschließen. In einem flachen Fischkocher mit einem Gitter beschwert bei 70–80 Grad garen.*

*2. Dampfgaren. In einem Topf Fenchel, Frühlingszwiebeln und Knoblauch mit Schale grob zerteilt kurz anbraten. Estragonzweige, Salz, Fischfond und Weißwein hinzufügen, leicht gesalzene Zander- oder andere Fischkoteletts in einem Einsatz darübergeben und im geschlossenen Topf garen.*

# Thüringer Athletenkost
## *Gunda Niemann*

**FLEISCHEINTOPF**
*Wenn die Weltklasse-Sportlerin trainiert, braucht sie kräftige Kost, zum Beispiel Eintopf mit Rind- und Schweinefleisch*

## Fleischeintopf

Für 4–6 Portionen:
400 g schiere Rinderschulter
400 g schiere Schweineschulter
200 g Zwiebeln
200 g Möhren
200 g Porree
200 g Schneidebohnen
3 Knoblauchzehen
20 ml Öl
125 ml Rotwein
je 1/2 Bund Thymian und Majoran
600 ml Kalbsfond
500 g Kartoffeln
Salz, Pfeffer

**1.** Das Fleisch von Haut und Sehnen befreien und in ca. 2 cm große Würfel schneiden. Das Gemüse schälen bzw. putzen, waschen und in 1 x 1 cm große Stücke schneiden. Die Knoblauchzehen pellen und fein hacken.

**2.** Das Öl erhitzen, das Fleisch dazugeben und rundherum gut anbraten. Erst die Zwiebeln dazugeben und anbraten, dann die Möhren, den Porree und die Bohnen. Mit Rotwein ablöschen. Thymian, Majoran und Knoblauchzehen dazugeben, mit dem Fond und 400 ml Wasser auffüllen und insgesamt etwa 1 1/4 Stunden leise kochen lassen.

**3.** Die Kartoffeln schälen, waschen und in 1 cm große Würfel schneiden. Nach 1 Stunde zum Fleisch und Gemüse geben. Den Eintopf mit Salz und Pfeffer abschmecken.

**Zubereitungszeit:** 1 1/2 Stunden
**Pro Portion (bei 6 Portionen)**
31 g E, 13 g F, 16 g KH = 312 kcal (1306 kJ)

Auf die Frage, was für sie gutes Essen ist, kann Gunda Niemann zwei sehr verschiedene Antworten geben – einerseits als Hochleistungssportlerin, andererseits als jemand, der Essen genießt wie du und ich. „Während des Trainings muß ich essen, um Kraft und Energie zu kriegen, auf Zufuhr von Kohlenhydraten und Vitaminen achten, Nudeln und Kartoffeln in allen Variationen, auch Fleisch. Wenn ich 60 Kilometer Rollerblades fahren will, würde ich mit einem Brötchen nicht weit kommen." Gutes Essen als physiologisch richtige Nahrungszufuhr also.

Und die andere Seite? „Das andere ist Essen zum Genießen, ein schönes Drei-Gänge-Menü, oder daß ich mich hinsetze mit einem Gläschen Wein." Wein? „Ja, ich muß ja nicht die ganze Flasche trinken am Abend. Tagsüber trinke ich drei Liter Wasser, dazu muß ich mich manchmal zwingen. Aber ich brauche auch das gute Essen und Trinken im Sinne von Genuß." Die Zeit dafür ist knapp genug, drei Viertel des Jahres ist sie auf Achse bzw. Kufe.

Die Lieblingsgerichte der Erfurterin sind nach wie vor die Klassiker ihrer Thüringer Heimat: Klöße mit Rouladen und Rotkraut oder eben Fleischeintopf. Und Süßes! Obstaufläufe, die Mutter und Oma so gut machen konnten, oder Quarkkeulchen – da gerät die Eisschnelläuferin ins Schwärmen.

Einflüsse aus der Schweiz kamen durch ihren Mann und Manager, derjenige, der kocht, wenn sie daheim sind. „Die Thüringer ist eine Bauernküche mit vollgepackten Tellern, die der Schweiz eher dezent. Wir treffen uns in der Mitte." Und was mag sie überhaupt nicht? „Heute mag ich alles. Fast alles. In Japan waren wir mal zum traditionellen Essen eingeladen. Wir hockten an so einem niedrigen Tisch mit schmerzenden Knien, und wenn man da in den Topf reingeguckt hat, dann hat alles noch gezappelt, so ungefähr. Das war nicht so meine Welt."

> „Wenn ich im Training 60 Kilometer Rollerblades fahren will, würde ich mit einem Brötchen nicht weit kommen."
>
> **GUNDA NIEMANN**

**GEMÜSEEINTOPF MIT HACKBÄLLCHEN UND GARNELEN**
Feiner Eintopf mit viel Gemüse. Der Clou: Garnelen, umwickelt mit Schweinefilet und sanft gegart

## Gemüseeintopf mit Hackbällchen und Garnelen

Für 4–6 Portionen:
**Fond**
1 Bund Suppengrün
5 große Schalotten
1 Knolle jungen Knoblauch
1 kg Schweine- und Rinderknochen
(in Stücke gehackt)
2 El Öl
3 Lorbeerblätter
1/2 Bund Thymian
4 kleine Zweige Rosmarin
750 ml Weißwein
Salz
**Gemüse**
1 Bund Möhren (ca. 400 g)
1 Broccoli (ca. 350 g)
1 Kohlrabi (ca. 300 g)
150 g Schneidebohnen
100 g Champignons
100 g Staudensellerie
20 g Butterschmalz
**Hackbällchen**
1 altbackenes Brötchen
100 ml Milch
30 g frische Ingwerwurzel
60 g Schalotten
2 Knoblauchzehen
20 g Butter
1 El Dill (gehackt)
1 Ei (Kl. L)
2 Eigelb (Kl. L)
250 g Rinderhackfleisch
Salz, Pfeffer
rosa Pfefferkörner
(gemahlen)
Koriander (gemahlen)

**Außerdem**
8 Riesengarnelen (à 35 g, ohne Kopf, mit Schale)
1 Schweinefilet
(ca. 300 g, Mittelstück)
Chili (Mühle)
1 Bund Schnittlauch

**1.** Das Suppengrün putzen, waschen und grob würfeln. Die Schalotten pellen und grob würfeln. Die Knoblauchzehen auslösen und pellen. Die Knochen im Öl rundherum gut anrösten. Mit den Gemüsewürfeln, Knoblauch, Kräutern, Weißwein und ca. 2 l kaltem Wasser aufsetzen und zum Kochen bringen. Salzen und bei mittlerer Hitze 1 1/2–2 Stunden leise kochen lassen. Dann durch ein Sieb gießen.

**2.** Die Möhren schälen und in 1 cm dicke Scheiben schneiden. Den Broccoli putzen und in kleine Röschen teilen. Den Kohlrabi großzügig schälen und in 1 cm große Würfel schneiden. Die Bohnen putzen und schräg in 1 cm große Stücke schneiden. Die Champignons putzen und je nach Größe vierteln oder achteln. Den Staudensellerie putzen und in 1 cm große Rauten schneiden. Alle Gemüse abgedeckt zur Seite stellen.

**3.** Für die Hackbällchen das Brötchen in 1 cm große Würfel schneiden. Die Milch aufkochen und die Brötchenwürfel darin 5 Minuten einweichen. Den Ingwer schälen und fein würfeln. Schalotten und Knoblauch pellen und fein würfeln. Die Butter erhitzen, Schalotten und Knoblauch darin glasig dünsten. Mit dem ausgedrückten Brötchen, Ingwer, Dill, Ei und Eigelb zum Hackfleisch geben und alles gut miteinander vermengen. Mit Salz, Pfeffer, rosa Pfeffer und Koriander abschmecken.

**4.** Die Garnelen bis auf die Schwanzflosse schälen und entdarmen. Das Schweinefilet in 8 Scheiben schneiden. Jede Scheibe noch einmal fast durchschneiden, auseinanderklappen und unter Klarsichtfolie flachklopfen. Um jede Garnele eine Fleischscheibe wickeln und mit einem Holzstäbchen zusammenstecken.

**5.** Den Fond zum Kochen bringen. Das Gemüse nach und nach darin insgesamt 1/2 Stunde garen: Erst die Bohnen, Möhren und den Kohlrabi, dann den Broccoli und Staudensellerie. Die Champignons im heißen Butterschmalz goldbraun braten, salzen.

**6.** Mit einem Eisportionierer aus der Hackmasse Bällchen formen. Mit den Garnelen in den Eintopf geben und bei milder Hitze in 5–6 Minuten gar ziehen lassen. Die Pilze dazugeben und den Eintopf mit Salz und Chili abschmecken. Schnittlauch in feine Röllchen schneiden und über den Eintopf streuen.

**Zubereitungszeit:** 2 Stunden
**Pro Portion (bei 6 Portionen)**
36 g E, 22 g F, 12 g KH =
413 kcal (1728 kJ)

# Lammrücken für die Affenmutter
## Karin Kienzer

**LAMMRÜCKEN
MIT KRÄUTERKRUSTE**
Lieblingsgericht der
Schauspielerin Karin Kienzer
(„Unser Charly"):
Ausgelöster Lammrücken mit
Kruste aus Rosmarin,
Thymian, Knoblauch, Petersilie

## Lammrücken mit Kräuterkruste

Für 4 Portionen:
1 Lammrücken (ca. 1,7 kg)
80 g Möhren
80 g Knollensellerie
50 g Zwiebeln
80 g Porree
4 El Öl
1 El Tomatenmark
200 ml Rotwein
1 Bund Thymian
3 kleine Zweige Rosmarin
1 Bund Majoran
1 Bund glatte Petersilie
2 Scheiben Weißbrot
5 mittelgroße Knoblauchzehen
30 ml Olivenöl
Salz, Pfeffer
1 Tl Speisestärke

**1.** Die großen Rückenfilets auslösen und putzen. Die kleinen Filets von der Unterseite ebenfalls auslösen. Die Knochen walnußgroß hacken. Das Gemüse schälen bzw. putzen und in grobe Würfel schneiden. Das Öl erhitzen und die Knochen darin rundherum gut rösten. Das Gemüse dazugeben und mitrösten. Tomatenmark dazugeben, mit Rotwein ablöschen und etwas einkochen lassen. Mit 1 l kaltem Wasser auffüllen und ca. 40 Minuten leise kochen lassen.

**2.** 1/2 Bund Thymian, 2 Zweige Rosmarin, glatte Petersilie und Majoran von den Stielen zupfen und fein hacken. Weißbrot entrinden und fein reiben. 2 Knoblauchzehen pellen und fein hacken. Alles mit 25 ml Olivenöl zu einer Paste verrühren und mit Salz und Pfeffer würzen.

**3.** Das restliche Olivenöl in einer Pfanne erhitzen. Die Lammrückenfilets und die kleinen Filets mit restlichem Thymian, Rosmarin und den ganzen, gepellten Knoblauchzehen von beiden Seiten anbraten. Aus der Pfanne nehmen und auf ein Stück Alufolie legen.

**4.** Das Lammfleisch mit der Kräuterpaste bestreichen, die großen Filets wieder in die Pfanne legen und im vorgeheizten Backofen auf der 2. Einschubleiste von unten bei 150 Grad (Gas 1–2, Umluft nicht empfehlenswert) 15–20 Minuten garen.
Die kleinen Filets die letzten 3 Minuten mitgaren.

**5.** Den Fond durch ein Sieb gießen, entfetten und ca. 5 Minuten bei starker Hitze einkochen lassen. Die Stärke mit kaltem Wasser anrühren und die Sauce damit binden. Mit Salz und Pfeffer abschmecken. Dazu passen Röstkartoffeln und Speckbohnen.

**Zubereitungszeit:**
**1 Stunde, 10 Minuten**
**Pro Portion** 48 g E, 43 g F, 10 g KH = 716 kcal (2997 kJ)

Heikel sei sie in Essensdingen („anspruchsvoll bis mäkelig" heißt das für Nicht-Österreicher), zumindest sagten das andere über sie. Sie selbst fände das eigentlich nicht, sagt Karin Kienzer, für sie geht es um Geschmack und Qualität: „Lieber esse ich nichts als etwas, das mir nicht schmeckt. Ich finde es ganz fürchterlich, schlechten Wein zu trinken. Dann lieber Wasser. Und ich gehe auch nicht irgendwohin und esse dort irgend etwas, sondern ich suche mir das bewußt aus." Sie bevorzugt Restaurants, italienische oder französische, in denen eine gute, ruhig auch einfache Küche im Mittelpunkt steht, und nicht Design und Chichi.

Der Kühlschrankinhalt ihrer Berliner Wohnung – „Meine Sachen leben in Wien, mein Freund lebt in München, und ich lebe in Berlin" – ist meist gut zu überblicken, schwarze Oliven, Kaffee und Toast. Selbst gekocht wird kaum. „Das was ich koche, koche ich gut. Aber es ist sehr wenig." Zum Beispiel? „Spaghetti, Tomaten in Olivenöl darüber, mit Basilikum, dann Mozzarella obendrauf und warten, bis der schmilzt." Was noch? Langes Überlegen. „Na ja, hin und wieder mal ein Steak. Und Salat." Für ausführliches Kochen ist der Freund zuständig, der macht das gern und gut.

Was hält sie von der Küche ihrer Heimat? „So ein Backhuhn wie in der Steiermark, das gibt's sonst nirgends. Und einen richtig guten Tafelspitz. Ansonsten ist die österreichische Küche schon ganz gut, aber viel zu schwer, zuviel Butter und Sahne."

Eine Frage darf nicht fehlen: Was ißt eigentlich ein Schimpanse? „Fast dasselbe wie ein Mensch, Gemüse, Früchte, auch Fleisch. Und jeder hat seine Vorlieben; der eine steht auf Broccoli, der andere auf Pizza, und wieder ein anderer würde sich nur von Gummibärchen und Fruchtjoghurt ernähren, wenn man ihn ließe." Auch irgendwie heikel, diese Primaten.

> *„Lieber esse ich nichts als etwas, das mir nicht schmeckt."*
>
> **KARIN KIENZER**

## *Lammragout mit Polentanocken*

Für 4 Portionen:
1 kg Lammschulter
100 g Möhren
100 g Knollensellerie
100 g Porree
50 g Butterschmalz, Pfeffer
500 ml Weißwein, Salz
300 g rote Zwiebeln
4 El Rapsöl
2 frische Lorbeerblätter
4 kleine Zweige Rosmarin
1 Bund Thymian
1 l Lammfond, 40 g Butter
100 g Maisgrieß
20 g Speisestärke
1 Eigelb (Kl. L), Muskatnuß
100 g Kohlrabi
1 Bund Frühlingszwiebeln
200 g Bundmöhren
4 Knoblauchzehen
1/2 El Majoran (gehackt)
1/2 El glatte Petersilie (gehackt)

**1.** Das Lammfleisch von Fett und Sehnen befreien und in 2 cm große Würfel schneiden. Das Gemüse schälen bzw. putzen, waschen und in Stücke schneiden. 20 g Butterschmalz in einem Bräter erhitzen. Die Fleischwürfel nebeneinander hineinlegen und in ca. 5 Minuten rundherum anbraten. Möhren und Sellerie dazugeben und andünsten. Mit Pfeffer würzen, dann den Porree dazugeben und kurz andünsten. Mit dem Weißwein ablöschen, salzen und auf die Hälfte einkochen lassen.

**2.** Die Zwiebeln schälen und in feine Streifen schneiden. 2 El Öl in einer Pfanne erhitzen und die Zwiebelstreifen darin anbraten. Mit Lorbeer, Rosmarin und 1/2 Bund Thymian zum Lammragout geben, mit 600 ml Fond auffüllen, einmal aufkochen und zugedeckt im vorgeheizten Backofen auf der 2. Einschubleiste von unten bei 180 Grad etwa 1 1/2 Stunden schmoren (Gas 2–3, Umluft 160 Grad).

**3.** Für die Polenta restlichen Fond mit der Butter aufkochen und unter ständigem Rühren den Grieß unterheben. Bei mittlerer Hitze weiterrühren, bis ein dicklicher Brei entsteht und sich am Topfboden ein weißer Film gebildet hat. Von der Kochstelle nehmen.

**4.** Die restlichen Thymianblättchen hacken, mit Stärke und Eigelb unter die Polenta rühren, mit Salz und Muskat abschmecken. Aus der warmen Masse mit Hilfe von 2 Eßlöffeln 16 gleich große Nocken formen und auskühlen lassen.

**5.** Kohlrabi schälen und in ca. 3 cm lange Streifen schneiden. Frühlingszwiebeln putzen und in 3 cm große Stücke schneiden. Die Möhren schälen und in 3 cm lange Stücke schneiden. Knoblauchzehen pellen und in feine Scheiben schneiden.

**6.** Das restliche Öl in einem Topf erhitzen, das Gemüse und den Knoblauch darin kurz anschwitzen. Den Bräter aus dem Backofen nehmen und das Fleisch mit der Sauce durch ein Sieb zu dem angedünsteten Gemüse gießen. Das Fleisch aus dem Sieb nehmen und zum Gemüse geben. Die Rückstände im Sieb gut durchdrücken. Das Ragout mit Majoran und Petersilie würzen, eventuell mit Salz und Pfeffer abschmecken.

**7.** Das restliche Butterschmalz erhitzen und die Polentanocken darin goldbraun braten. Zum Lammragout servieren.

**Zubereitungszeit:** 2 1/2 Stunden
**Pro Portion** 45 g E, 47 g F, 30 g KH = 740 kcal (3096 kJ)

**LAMMRAGOUT MIT POLENTANOCKEN**
Herzhaftes Ragout mit Möhren und Frühlingszwiebeln und einem Hauch Italien

## PROFI-TIP

### *Polenta-Vielfalt*
*Ausgangspunkt für Lafers Vorschläge ist folgende Grundmasse: Maisgrieß mit Brühe, Salz und Pfeffer in einem Topf aufkochen und unter Rühren so lange erhitzen, bis sich die Masse vom Boden löst. Dann Eigelb, Speisestärke und Thymianblättchen unterziehen. Daraus z. B. mit einem Eisportionierer Klößchen formen, in Salzwasser 10 Minuten gar ziehen lassen, in angebratenen Semmelbröseln wälzen und zu gebratenem Fleisch oder als Einlage für Eintöpfe verwenden. Oder eine dreieckige Terrinenform mit Klarsichtfolie auskleiden, die Masse hineingeben und 3 Stunden in den Kühlschrank stellen. Die feste Polenta in Scheiben schneiden, mit Thymian, Rosmarin und Knoblauch in der Pfanne langsam braten und zu Lammkoteletts servieren. Für Soufflés gesalzenen Eischnee unter die Masse ziehen. Die Masse in ausgebutterte, mit Semmelbröseln ausgestreute Förmchen geben und im Backofen im Wasserbad 35 Minuten bei 180 Grad backen.*

# Wirsing in zwei Versionen
## Walter Plathe

**WIRSINGROULADEN**
*Für Rouladen – unverzichtbarer Bestandteil deutscher Hausmannskost – schwärmt der Schauspieler*

## Wirsingrouladen

Für 4 Portionen:
1 großer Kopf Wirsing
Salz
1 altbackenes Brötchen
50 g Zwiebeln
1 Ei (Kl. L)
1 El mittelscharfer Senf
400 g gemischtes Hackfleisch
Pfeffer
4 El Öl
400 ml Rinderfond
1 El Speisestärke

**1.** Zwölf große, hellgrüne Wirsingblätter auslösen und die dicken Blattrippen keilförmig herausschneiden. Die Blätter in kochendem Salzwasser blanchieren, in Eiswasser abschrecken und in einem Geschirrtuch vorsichtig ausdrücken.

**2.** Für die Füllung das Brötchen in kaltem Wasser einweichen. Zwiebeln pellen und fein würfeln. Brötchen ausdrücken, zerzupfen und mit Zwiebelwürfeln, Ei und Senf zum Hackfleisch geben. Alles gut miteinander vermengen. Mit Salz und Pfeffer würzen.

**3.** Für jede Roulade 3 Kohlblätter flach ausbreiten und aufeinanderlegen, 1/4 der Füllung daraufstreichen, die Seiten über die Füllung klappen und die Blätter zu einer Roulade aufrollen. Mit Küchengarn wie ein Päckchen zusammenbinden.

**4.** Das Öl in einem Bräter erhitzen. Die Rouladen darin von allen Seiten gut anbraten, mit dem Rinderfond auffüllen. Im vorgeheiztem Backofen auf der 2. Einschubleiste von unten bei 190 Grad (Gas 2–3, Umluft 170 Grad) etwa 1 Stunde garen. Die Rouladen zwischendurch wenden.

**5.** Rouladen aus dem Bräter nehmen und im ausgeschalteten Backofen warm stellen. Stärke mit etwas kaltem Wasser anrühren. Den Fond durch ein Sieb gießen und einmal aufkochen lassen. Mit der angerührten Stärke binden und mit Salz und Pfeffer abschmecken. Das Küchengarn entfernen und die Rouladen mit der Sauce servieren. Dazu paßt Kartoffelpüree.

**Zubereitungszeit:** 1 Stunde, 45 Minuten
**Pro Portion** 25 g E, 30 g F, 11 g KH = 415 kcal (1739 kJ)

Auch wenn er Jean Gabin als sein großes schauspielerisches Vorbild nennt, mit französischer Küche hat Walter Plathe nichts am Hut. Höchstens, daß cheval für ihn ein Fleisch wie jedes andere ist – seine Frage nach der richtigen Zubereitung von Pferdegulasch rief bei Lafer eine gewisse Irritation hervor. Plathes Verhältnis zur Kulinarik ist so wie der Mann selbst, handfest, herzhaft, erdverbunden. Wenn er das ewige Hotel- und Restaurantessen satt hat, stellt er sich hin und kocht Blumenkohl mit Semmelbröseln und Spiegelei.

Was auf den Tisch kommt, richtet sich nach der Saison. Im Winter kommt die Gans ins Rohr, mit einem süß-scharfen Finish aus Honig und Senf, eine Geschmacksrichtung, die der frühere DEFA-Schauspieler liebt. „Als ich in den Westen kam, hat mich die Gewürzvielfalt hier fasziniert. Da habe ich anfangs oft danebengelangt." Kochbücher braucht er nicht, das macht er aus dem Bauch heraus. Und wenn es wirklich mal nicht weitergeht, dann gibt's ja noch das Telefon. Sein erster Fisch war so ein Fall: In Folie gepackt, „mit Gemüse und so" in den Ofen geschoben, und dann eine Freundin angerufen: „Du, wie lange muß'n so'n Ding drinbleiben?" Hat alles prima geklappt, aber zum begeisterten Fischkoch ist Walter Plathe dennoch nicht geworden: „Zum Fisch habe ich als Mensch und Koch nicht so'ne Beziehung, mehr als Verzehrer."

Und der flüssige Bereich? „Sekt und Champagner trinke ich aus Höflichkeit, von Rotwein kriege ich Sodbrennen, haben wir früher im Osten zuviel von getrunken, ‚Bulgaren-Sonne' und ‚Hügel'-Rotwein, die Flasche zu 1,75 – da kann ja nur Mist drin gewesen sein." Sein schönstes ist das Bier nach der Vorstellung: „Die letzten fünf Minuten auf der Bühne halluziniere ich davon, spreche meinen Text noch oder singe, aber in Gedanken sehe ich schon das kühle Pils vor mir."

> „Die letzten fünf Minuten auf der Bühne sehe ich in Gedanken schon das kühle Pils vor mir."
>
> **WALTER PLATHE**

## Wirsingrouladen mit Weißbiersabayon und Brezelkren

Für 4 Portionen:
500 g mehligkochende Kartoffeln
Salz
4 große, hellgrüne Wirsingblätter
200 g Kasseler ohne Knochen
150 ml Schlagsahne
Pfeffer
Muskatnuß
2 Eigelb (Kl. L)
1 Eiweiß (Kl. L)
10 g Butter
80 g Allgäuer Bergkäse (gerieben)
100 g Topinambur (ersatzweise Petersilienwurzeln)
200 ml Öl zum Ausbacken

**1.** Die Kartoffeln waschen, mit der Schale in Salzwasser 10 Minuten vorkochen. Einzeln in Alufolie wickeln und im vorgeheizten Backofen auf der 2. Einschubleiste von unten bei 170 Grad (Gas 2–3, Umluft 150 Grad) ca. 40 Minuten garen.

**2.** Die Wirsingblätter in kochendem Salzwasser ca. 1 Minute blanchieren, in Eiswasser abschrecken und in einem Geschirrtuch vorsichtig ausdrücken.

**3.** Das Kasseler in kleine Würfel schneiden. Die gegarten Kartoffeln aus der Folie nehmen und noch warm pellen. Die Sahne aufkochen und mit Salz, Pfeffer und Muskat kräftig würzen. Die Kartoffeln durch eine Kartoffelpresse dazudrücken und mit dem Schneebesen glattrühren. Von der Kochstelle nehmen und etwas abkühlen lassen. Eigelb unterrühren, dann die Kasselerwürfel dazugeben. Das mit 1 Prise Salz steif geschlagene Eiweiß unterheben.

**4.** Die Wirsingblätter flach ausbreiten und die dicken Blattrippen keilförmig herausschneiden. Auf jedes Blatt 2–3 El der Kartoffelmasse streichen. Jedes Blatt seitlich über die Masse klappen und zu einer Roulade aufrollen. Eine Auflaufform mit der Butter ausstreichen. Die Rouladen in die Form legen. Mit dem geriebenen Bergkäse bestreuen und im vorgeheizten Backofen auf der 2. Einschubleiste von unten bei 180 Grad (Gas 2–3, Umluft 160 Grad) ca. 30 Minuten backen.

**5.** Topinambur schälen und in dünne Scheiben hobeln. Mit Küchenpapier trockentupfen und im heißen Öl goldbraun ausbacken. Aus dem Öl nehmen und abtropfen lassen. Eventuell etwas salzen. Rouladen mit den Topinamburscheiben, Weißbiersabayon und Brezelkren (siehe folgende Rezepte) servieren.

**Zubereitungszeit: 1 1/2 Stunden**
**Pro Portion** 22 g E, 36 g F, 18 g KH = 484 kcal (2028 kJ)

**WIRSINGROULADE MIT WEISSBIERSABAYON**
*Die Roulade, im wahrsten Sinne des Wortes von Johann Lafer aufgebrezelt: mit Käse, Weißbiersabayon und Brezelkren*

## Brezelkren

Für 4 Portionen:
20 g getrocknete Tomaten
150 ml Kalbsfond
2 Laugenbrezeln
2 El süßer Senf
Salz
30 g Meerrettich (frisch gerieben oder aus dem Glas)
2 El Petersilie (gehackt)

**1.** Die getrockneten Tomaten fein würfeln. Den Fond auf 100 ml einkochen. Die Brezeln in Würfel schneiden und dazugeben. Senf, Tomaten, Salz, Meerrettich und Petersilie zu den Brezeln geben und alles gut miteinander vermengen. Zu den Wirsingrouladen servieren.

**Zubereitungszeit: 20 Minuten**
**Pro Portion** 3 g E, 6 g F, 1 g KH = 77 kcal (323 kJ)

## Weißbiersabayon

Für 4 Portionen:
3 Stiele Zitronenthymian (ersatzweise 3 Stiele Thymian und 1 Tl dünn abgeriebene Zitronenschale)
3 Eigelb (Kl. L)
50 ml Kalbsfond
Salz
100 ml Weißbier

**1.** Zitronenthymian von den Stielen zupfen und fein hacken. Eigelb über einem heißen Wasserbad schaumig aufschlagen. Fond, Zitronenthymian, Salz und Bier dazugeben und alles zu einem schaumigen Sabayon aufschlagen. Zu den Wirsingrouladen servieren.

**Zubereitungszeit: 15 Minuten**
**Pro Portion** 4 g E, 3 g F, 23 g KH = 133 kcal (556 kJ)

### PROFI-TIP

**Wirsing-Variationen**
*Wirsing-Snack: aus Mehl, Stärkemehl, Wasser, 1 Eigelb und Salz einen Tempurateig herstellen. Vorbereitete zerkleinerte Wirsingblätter erst durch Mehl, dann durch den Teig ziehen und in heißem Fett schwimmend ausbacken. Dazu paßt eine süß-scharfe Sauce aus Orangensaft, Orangenfilets, Chili, Zucker, Essig und Salz. Wirsing mit Nudeln: Wirsingstreifen blanchieren und abschrecken. Schalotten und Speckwürfel in Butter andünsten, Knoblauch und etwas Zucker unterrühren, den Wirsing hinzufügen. Nun gekochte, mit etwas Öl beträufelte Farfalle damit vermengen, mit Salz, Pfeffer, Kümmel, Muskat und Petersilie würzen.*

# Grüße von der *Burg*

Bei Johann Lafer sind nicht nur im Fernsehstudio Prominente zu Gast. In seinem Restaurant „Le Val d'Or" auf der Stromburg und bei großen politischen und gesellschaftlichen Anlässen in aller Welt hat er die Größen unserer Zeit mit seiner Kochkunst erfreut. Damit auch Sie zu Hause in diesen Genuß kommen, hat Johann Lafer exklusiv für dieses Buch noch zehn weitere sterne-würdige Rezepte aufgeschrieben.

*Johann Lafer's*
**Stromburg**

55442 Stromberg
Tel. 06724/93 10-0
Fax 06724/9310-90
E-Mail: stromburghotel@
johannlafer.de
internet: http://www.
johannlafer.de

*Erholung von der großen Politik: Für Michail Gorbatschow kreierte Johann Lafer dieses ebenso leichte wie raffinierte Gericht*

**GESCHMORTE KALBSRÖLLCHEN**
*Mit Parmaschinken und Salbei gefüllt und nur kurz bei milder Hitze geschmort*

## Geschmorte Kalbsröllchen mit Tomatenragout

Für 4 Portionen:
4 Kalbsschnitzel (à ca. 150 g)
8 Scheiben Parmaschinken (à ca. 10 g)
8 Salbeiblätter
Salz, Pfeffer
20 ml Olivenöl
60 g Schalotten (fein gewürfelt)
2 Knoblauchzehen (fein gewürfelt)
100 ml Weißwein
200 ml Tomatensaft
4 Tomaten (à ca. 150 g)
4–5 Basilikumblätter (in feine Streifen geschnitten)

**1.** Die Kalbsschnitzel flachklopfen. Jeweils zwei Scheiben Parmaschinken und zwei Salbeiblätter auf das Fleisch legen, mit Salz und Pfeffer würzen. Das Fleisch aufrollen und mit einem Holzstäbchen verschließen.

**2.** Das Olivenöl in einem Bräter erhitzen, die Röllchen von allen Seiten kurz darin anbraten und herausnehmen. In der gleichen Pfanne die Schalotten- und Knoblauchwürfel anbraten. Mit Weißwein ablöschen, einmal aufkochen und mit dem Tomatensaft auffüllen. Wieder aufkochen, die Röllchen hineinlegen und ca. 15 Minuten bei milder Hitze garen (das Fleisch soll innen noch rosa sein).

**3.** Die Tomaten kreuzweise einritzen und in kochendem Wasser kurz blanchieren. Dann abschrecken, schälen und grob würfeln.

**4.** Die Röllchen aus der Sauce nehmen und warm stellen. Die Tomatenwürfel und Basilikumstreifen in die Sauce geben. Mit Salz und Pfeffer abschmecken.

**5.** Die Röllchen einmal durchschneiden, mit dem Tomatenragout anrichten und mit Kerbelnudeln (siehe folgendes Rezept) servieren.

**Zubereitungszeit: 45 Minuten**
**Pro Portion** 38 g E, 9 g F, 6 g KH = 273 kcal (1145 kJ)

## Kerbelnudeln

Für 4 Portionen:
250 g Mehl
50 g Grieß
2 El Öl, Salz
1 Ei (Kl. L)
7 Eigelb (Kl. L)
Mehl zum Ausrollen
1/2 Bund Kerbel
20 g Butter

**1.** Mehl, Grieß, Öl, 1 Prise Salz, Ei und Eigelb zu einem glatten Teig verkneten. In Folie gewickelt 1 Stunde im Kühlschrank ruhen lassen.

**2.** Den Teig vierteln. Jedes Viertel auf der bemehlten Arbeitsfläche zu einer dünnen Bahn ausrollen. 1/4 der Kerbelblättchen darauf verteilen, die Bahn zusammenklappen und nochmals dünn ausrollen. Dann den Teig in ca. 1 cm breite Bandnudeln schneiden. Diesen Vorgang wiederholen, bis Teig und Kerbel verbraucht sind.

**3.** Die Nudeln in reichlich kochendem Salzwasser in 4–5 Minuten bißfest garen und in einem Sieb abtropfen lassen.

**4.** Kurz vor dem Servieren die Nudeln in der heißen Butter schwenken und mit Salz abschmecken.

**Zubereitungszeit: 40 Minuten (plus Kühlzeit)**
**Pro Portion** 16 g E, 23 g F, 53 g KH = 486 kcal (2036 kJ)

*Große Kochkunst in Bacharach am Rande des G-8-Gipfels: Für die Ehefrauen der Politiker gab es diesen feinen Fisch als Vorspeise. Cherie Blair war begeistert*

## Gebratener Seeteufel mit Bärlauchravioli

Für 4 Portionen:
**Teig**
200 g Mehl
100 g Hartweizengrieß
2 Eier (Kl. L)
4 Eigelb (Kl. L)
Salz, Muskatnuß
Mehl zum Ausrollen
**Füllung**
100 g frischer Blattspinat
30 g Bärlauch
(ersatzweise Rauke und
1 Knoblauchzehe)
20 g Butter
60 g Schalotten
(fein gewürfelt)
1 Knoblauchzehe
(fein gewürfelt)
Salz, Pfeffer
2 Tomaten (à ca. 100 g)
50 g Semmelbrösel
1 Eigelb (Kl. L)
**Weißer Balsamicoschaum**
1 El Olivenöl
30 g Schalotten (gewürfelt)
50 ml weißer Balsamicoessig
100 ml Fischfond
100 g Crème double
30 g eiskalte Butter
Salz, Pfeffer

**Fisch**
4 Seeteufelkoteletts
(à 350–400 g)
Salz, Pfeffer
3 El Olivenöl
3 Rosmarinzweige
5 Thymianzweige
1 Knoblauchzehe (geviertelt)
30 g Schalotten
(in Streifen geschnitten)
50 g Butter

**1.** Mehl, Grieß, Eier, Eigelb, 1 Prise Salz und Muskat zu einem glatten Teig verkneten. In Folie wickeln und 1 Stunde kalt stellen.

**2.** Den Spinat und Bärlauch putzen, waschen, trockentupfen und in feine Streifen schneiden. Die Butter erhitzen, Schalotten- und Knoblauchwürfel darin glasig dünsten. Spinat und Bärlauch dazugeben und kurz mit anschwitzen. Mit Salz und Pfeffer abschmecken und auskühlen lassen. Die Tomaten kreuzweise einritzen, mit heißem Wasser überbrühen und abschrecken. Die Haut abziehen, die Tomaten entkernen und in Würfel schneiden. Tomaten und Semmelbrösel zum Spinat geben und alles gut miteinander vermengen.

**3.** Den Nudelteig halbieren und jede Hälfte auf der bemehlten Arbeitsfläche zu einem Rechteck von 40 x 30 cm ausrollen. Die Füllung mit einem Eßlöffel als 20 Häufchen auf einer Teighälfte verteilen. Das verquirlte Eigelb zwischen die Häufchen streichen. Die zweite Teigplatte darauflegen und Ravioli von 6 cm Ø ausstechen. Die Ränder festdrücken. Reichlich Wasser mit 1/2 Tl Salz zum Kochen bringen.

**4.** Für den Balsamicoschaum das Olivenöl erhitzen, die Schalottenwürfel darin glasig dünsten. Mit dem Essig ablöschen, mit dem Fischfond auffüllen und auf 1/3 einkochen. Crème double dazugeben und wieder auf ca. 1/3 reduzieren. Die kalte Butter dazugeben, die Sauce mit dem Schneidstab aufmixen und mit Salz und Pfeffer abschmecken.

**5.** Die Seeteufelkoteletts kalt abspülen, trockentupfen und mit Salz und Pfeffer würzen. Das Olivenöl erhitzen, die Koteletts darin rundum anbraten. Rosmarin, Thymian, Knoblauch, Schalottenstreifen und 30 g Butter dazugeben. Den Fisch in 5–6 Minuten fertig garen.

**6.** Die Ravioli in das kochende Wasser geben und in 5 Minuten gar ziehen. Die restliche Butter erhitzen und die gegarten Ravioli darin schwenken. Mit den Seeteufelkoteletts und dem Balsamicoschaum servieren.

**Zubereitungszeit:** 1 1/4 Stunden (plus Kühlzeit für den Teig)
**Pro Portion** 72 g E, 60 g F, 68 g KH = 1101 kcal (4611 kJ)

**SEETEUFEL MIT BÄRLAUCHRAVIOLI**
*Rosmarin, Thymian, Knoblauch und Olivenöl geben dem Fisch die mediterrane Würze*

*Wenn Hannelore und Helmut Kohl zum Kanzlerfest luden, servierte Johann Lafer diese sommerliche Beerentorte*

**EISTORTE MIT HIMBEEREN**
*Auf lockerem Biskuit: Orangenparfait, Sahne und Himbeeren. Dazu: Amaretto-Sabayon*

## *Eistorte mit Himbeeren*

Für 14 Stücke:
**Biskuitboden**
3 Eier (Kl. L)
40 g Zucker
abgeriebene Schale von 1 Zitrone
50 g Mehl
**Parfait**
4 Eigelb (Kl. L)
100 g Zucker
abgeriebene Schale und Saft von 1 Orange (unbehandelt)
6 cl Orangenlikör (z. B. Grand Marnier)
400 ml Schlagsahne
**Belag**
250 ml Schlagsahne
400 g Himbeeren

**1.** Für den Biskuitboden die Eier mit dem Zucker über einem heißen Wasserbad ca. 5 Minuten schaumig aufschlagen. In einem kalten Wasserbad wieder kalt schlagen. Die Zitronenschale und das Mehl langsam unterheben. Den Boden einer Springform (28 cm Ø) mit Backpapier belegen. Die Biskuitmasse in die Springform füllen und im vorgeheizten Backofen auf der 2. Einschubleiste von unten bei 180 Grad (Gas 2–3, Umluft 160 Grad) 10–13 Minuten backen. In der Springform auskühlen lassen.

**2.** Für die Parfaitmasse Eigelb, Zucker, Orangenschale und Orangensaft über einem heißen Wasserbad in 4–5 Minuten zu einer cremigen Masse aufschlagen. Im kalten Wasserbad wieder kalt schlagen, mit dem Orangenlikör abschmecken und auskühlen lassen. Die Sahne steif schlagen und unterheben.

**3.** Die Parfaitmasse auf den ausgekühlten Biskuitboden in der Springform streichen, und die Torte ca. 4 Stunden ins Gefriergerät stellen.

**4.** Für den Belag die Sahne steif schlagen. Die Torte aus der Form lösen und dünn mit etwas Sahne bestreichen. Die Himbeeren in die Sahne setzen und die Torte mit der restlichen Sahne verzieren. Mit dem Amaretto-Sabayon servieren (siehe folgendes Rezept).

**Zubereitungszeit: 1 Stunde (plus Gefrierzeit)**
**Pro Stück 5 g E, 18 g F, 17 g KH = 256 kcal (1074 kJ)**

## *Amaretto-Sabayon*

Für 4 Portionen:
100 g gemahlene Mandeln
300 ml Milch
80 g Zucker
4 Eigelb (Kl. L)
4 cl Amaretto

**1.** Die Mandeln in einer Pfanne ohne Fett unter Wenden goldbraun rösten. Zur Milch geben, die Mandelmilch einmal aufkochen und kurz durchziehen lassen. Dann durch ein Sieb in eine Schüssel gießen und abkühlen lassen.

**2.** Die Milch mit Zucker und Eigelb über einem heißen Wasserbad cremig aufschlagen. Von der Kochstelle nehmen und weiterschlagen, bis ein cremiger Sabayon entstanden ist. Mit Amaretto abschmecken und zur Eistorte servieren.

**Zubereitungszeit: 25 Minuten**
**Pro Portion 10 g E, 44 g F, 26 g KH = 558 kcal (2338 kJ)**

TV-Star Marie-Luise Marjan („Lindenstraße") ist auf der Stromburg ein gerngesehener Gast. Dieser edle Eintopf mit Krebsen gehört zu ihren Lieblingsgerichten

## Pot au feu von Flußkrebsen

Für 4 Portionen:
24 große Flußkrebs
(vom Händler gekocht)
5 El Olivenöl
100 ml trockener Wermut
125 ml Weißwein
60 g Schalotten
(fein gewürfelt)
1 Knoblauchzehe
(fein gehackt)
1 große Möhre (ca. 100 g)
1/2 Knollensellerie
(ca. 350 g)
1 grüne Zucchini (ca. 250 g)
1 gelbe Zucchini (ca. 300 g)
Salz, Pfeffer
Dillzweige zum Garnieren

**1.** Die Flußkrebse aus der Schale brechen und die Schalen klein hacken. 3 El Olivenöl in einem Bräter erhitzen und die Schalen ca. 5 Minuten darin anrösten. Mit Wermut und Weißwein ablöschen, etwas einkochen und mit 2 l kaltem Wasser auffüllen. Etwa 50 Minuten bei mittlerer Hitze leise kochen lassen. Durch ein mit einem Passiertuch ausgelegtes Sieb in einen Topf gießen.

**2.** Das restliche Olivenöl in einem Topf erhitzen. Schalottenwürfel und gehackten Knoblauch darin anschwitzen, mit dem Krebsfond auffüllen und auf 1/3 einkochen lassen.

**3.** In der Zwischenzeit das Gemüse waschen, putzen und mit einem kleinen Kugelausstecher Perlen ausstechen.

**4.** Das Gemüse nacheinander in dem reduzierten Fond garen: Erst Möhren und Sellerie, nach 3 Minuten das restliche Gemüse hineingeben und weitere 3 Minuten garen. Die Krebsschwänze dazugeben und kurz erwärmen.
Den Pot au feu mit Salz und Pfeffer abschmecken.
Auf heißen Tellern anrichten und mit Dill garnieren.

**Zubereitungszeit:** 1 Stunde, 10 Minuten
**Pro Portion** 47 g E, 15 g F, 7 g KH = 370 kcal (1552 kJ)

**POT AU FEU**
*Im delikaten Krebssud serviert: saftige Krebsschwänze und kleine Perlen von Möhren, Sellerie und Zucchini*

*Johann Lafer zu Gast bei der UN-Vollversammlung in New York: Ex-Außenminister Klaus Kinkel war von diesem herzhaften Gericht besonders angetan*

## Apfel-Leberwurst-Maultaschen

Für 4 Portionen:
**Teig**
300 g Mehl
3 Eier (Kl. L)
Salz
1 El Öl
Mehl zum Ausrollen
**Füllung**
30 g durchwachsener Speck (gewürfelt)
2 Zwiebeln
(à ca. 60 g, gewürfelt)
50 g Butter
1 Apfel (ca. 200 g)
200 g grobe Leberwurst
1 El gehackte Majoranblättchen
1 Ei (Kl. L)
4 El Weißbrotbrösel
1 Eiweiß (Kl. L)
1 l Kalbsfond
1 El Schnittlauchröllchen

**MAULTASCHEN**
**Mit einer herzhaften Füllung aus Apfel, Leberwurst und Speck auf einem Bett aus grünen und roten Linsen**

**1.** Mehl, Eier, 1 Prise Salz und Öl zu einem glatten Nudelteig kneten. In Folie wickeln und 1 Stunde kühl stellen.

**2.** Die Speck- und 60 g Zwiebelwürfel in 20 g Butter anbraten, abkühlen lassen. Den Apfel auf einer Haushaltsreibe rund ums Kerngehäuse reiben und mit den gebratenen Speck- und Zwiebelwürfeln, Leberwurst, gehacktem Majoran, Ei und Weißbrotbröseln gut verrühren.

**3.** Den Nudelteig halbieren. Jede Teighälfte auf einer bemehlten Arbeitsfläche zu einem Quadrat von 40 x 40 cm ausrollen. Mit einem Eßlöffel auf einem Quadrat 12 gleich große Häufchen verteilen. Die Zwischenräume mit dem verquirlten Eiweiß bepinseln. Die zweite Teigplatte auf die Platte mit der Füllung legen. Mit einem Teigrädchen die Maultaschen ausschneiden und die Ränder mit einer Gabel festdrücken.

**4.** Den Fond zum Kochen bringen. Die Maultaschen hineingeben und die Hitze reduzieren. Die Maultaschen 10–12 Minuten gar ziehen lassen.

**5.** Die restliche Butter erhitzen und die restlichen Zwiebelwürfel darin hellbraun dünsten. Die Maultaschen mit einer Schaumkelle aus dem Fond nehmen und auf den Balsamicolinsen (siehe folgendes Rezept) anrichten. Schnittlauch über die Zwiebeln streuen und über die Maultaschen geben.

**Zubereitungszeit:** 1 Stunde (plus Kühlzeit)
**Pro Portion** 26 g E, 40 g F, 64 g KH = 724 kcal (3027 kJ)

## Balsamicolinsen

Für 4 Portionen:
200 g grüne Linsen
20 ml Rapsöl
30 g Schalotten (gewürfelt)
1 Knoblauchzehe (fein gewürfelt)
40 g durchwachsener Speck (gewürfelt)
125 ml Aceto balsamico
250 ml Geflügelfond
50 g rote Linsen
Salz, Pfeffer
2 Tl Thymianblättchen

**1.** Die grünen Linsen über Nacht in kaltem Wasser einweichen. Dann im Einweichwasser 30 Minuten kochen und in einem Sieb abtropfen lassen.

**2.** Das Öl in einem Topf erhitzen und die Schalotten-, Knoblauch- und Speckwürfel kurz darin anbraten. Die Linsen dazugeben, mit dem Essig ablöschen und auf die Hälfte einkochen lassen. Mit dem Geflügelfond auffüllen und ca. 10 Minuten leise kochen, bis die Flüssigkeit fast verkocht ist.

**3.** Ca. 250 ml Wasser zum Kochen bringen. Die roten Linsen dazugeben, den Topf von der Kochstelle nehmen und die Linsen ca. 5 Minuten quellen lassen. In ein Sieb geben, kurz mit Wasser abspülen und unter die grünen Linsen mischen. Die Linsen salzen und pfeffern, den feingehackten Thymian dazugeben. Die Balsamicolinsen ein paar Minuten warm stellen, damit sich der Thymiangeschmack voll entfalten kann. Zu den Maultaschen servieren.

**Zubereitungszeit:** 50 Minuten (plus Einweichzeit)
**Pro Portion** 16 g E, 14 g F, 32 g KH = 312 kcal (1308 kJ)

*Vom fernen Japan zum G-8-Gipfel an den Rhein: Dieses fruchtig-frische Dessert à la Lafer war so ganz nach dem Geschmack von Chizuko Obuchi*

## Blätterteigschnitten mit Erdbeeren und Vanillecreme

Für 4 Portionen:
**Vanillecreme**
2 Blatt weiße Gelatine
250 ml Schlagsahne
40 g Zucker
Mark von 1/2 Vanilleschote
3 Eigelb (Kl. L)
2 Tl Zitronensaft
2 cl Orangenlikör
300 g Blätterteig (TK)
Mehl zum Ausrollen
500 g Erdbeeren
ca. 50 g Puderzucker

**1.** Für die Creme die Gelatine in kaltem Wasser einweichen. 150 ml Sahne mit dem Zucker und Vanillemark aufkochen und von der Kochstelle nehmen. 1/3 der Sahne durch ein Sieb gießen und zügig mit dem Eigelb verquirlen. Die Eiersahne zur verbliebenen Sahne geben, wieder auf den Herd stellen und so lange rühren, bis eine dickflüssige Masse entsteht. Sie darf auf keinen Fall mehr kochen. Sofort durch ein feines Sieb in ein kaltes Gefäß gießen. Die Gelatine gut ausdrücken und sofort unter die Creme rühren. Die Creme etwas abkühlen lassen, dann den Zitronensaft und Orangenlikör unterziehen. Die restliche Sahne steif schlagen und unterheben. Die Creme kalt stellen.

**2.** Den Blätterteig auftauen und auf einer bemehlten Arbeitsfläche zu einem Rechteck von 30 x 15 cm ausrollen. Auf ein mit Backpapier belegtes Backblech legen und mit einem Gitter beschweren, damit der Teig nicht zu stark aufgeht. Im vorgeheizten Backofen auf der 2. Einschubleiste von unten bei 200 Grad 10–12 Minuten backen (Gas 3, Umluft 180 Grad).

**3.** 400 g Erdbeeren putzen und waschen, große Erdbeeren eventuell vierteln. 30 g Puderzucker mit den restlichen Erdbeeren pürieren, durch ein Sieb streichen und kalt stellen.

**4.** Den gebackenen Blätterteig etwas abkühlen lassen und in 4 Rechtecke à 10 x 5 cm schneiden. Die Rechtecke mit 10 g Puderzucker bestreuen und unter dem Grill goldgelb karamelisieren. Etwas abkühlen lassen, dann die andere Seite mit dem restlichen Puderzucker bestreuen und ebenfalls karamelisieren.

**5.** Die Rechtecke halbieren. Auf die unteren Hälften die Hälfte der Vanillecreme streichen. Die Erdbeeren vorsichtig in die Creme drücken und die restliche Creme darauf verteilen. Das obere Blätterteigstück darauflegen. Mit der Fruchtsauce und dem Joghurteis (siehe folgendes Rezept) servieren.

**Zubereitungszeit: 45 Minuten**
**Pro Portion** 11 g E, 43 g F, 64 g KH = 699 kcal (2928 kJ)

## Joghurteis

Für 4–6 Portionen:
150 ml Zitronensaft (frisch gepreßt)
150 g Zucker
300 g Vollmilchjoghurt
100 ml Schlagsahne
abgeriebene Schale von 1 unbehandelten Orange und 1 Zitrone
1 cl Orangenlikör (z. B. Grand Marnier)

**1.** Den Zitronensaft mit dem Zucker aufkochen und so lange kochen, bis sich der Zucker vollständig aufgelöst hat. Zitronensirup abkühlen lassen.

**2.** Dann den Zitronensirup mit allen übrigen Zutaten in einer Schüssel gut verrühren. In eine Eismaschine geben und etwa 1 Stunde gefrieren.

**3.** Das Joghurteis mit einem Löffel oder Eisportionierer ausstechen und zu den Blätterteigschnitten servieren.

**Zubereitungszeit: 20 Minuten (plus Gefrierzeit)**
**Pro Portion** (bei 6 Portionen)
2 g E, 7 g F, 33 g KH = 212 kcal (890 kJ)

**BLÄTTERTEIGSCHNITTEN MIT ERDBEEREN**
*Eine knusprige Köstlichkeit, ergänzt durch Erdbeerpüree und feinsäuerliches Joghurteis*

*Das Land Rheinland-Pfalz als Gastgeber bei der UN-Vollversammlung in New York. Mit dabei: Rainer Brüderle als Wirtschaftsminister, Johann Lafer und dieses sanft geschmorte Geflügel*

## Hunsrücker Poularde

Für 4 Portionen:
1 Poularde (ca. 1,6 kg)
Salz, Pfeffer
4 El Öl
80 g durchwachsener Speck (grob gewürfelt)
2 Knoblauchzehen (angedrückt)
100 g Zwiebeln (gewürfelt)
80 g Möhren (gewürfelt)
80 g Knollensellerie (gewürfelt)
3 El Tomatenmark
0,7 l Rotwein
2 Lorbeerblätter
4 Wacholderbeeren
4 Thymianzweige
2 Rosmarinzweige
200 g weiße Champignons
80 g Butter
1 El Petersilienblättchen (gehackt)
1 El Majoranblättchen (gehackt)

**1.** Die Poularde innen und außen gründlich waschen, trockentupfen und in 8 Teile zerlegen. Die Teile rundherum mit Salz und Pfeffer würzen.

**2.** Das Öl in einem Bräter erhitzen, die Speckwürfel darin anbraten. Die Geflügelteile dazugeben und rundum anbraten. Knoblauch, das gewürfelte Gemüse und das Tomatenmark dazugeben und mit andünsten. Mit dem Rotwein ablöschen. Lorbeerblätter, Wacholderbeeren, Thymian und Rosmarin dazugeben, und die Flüssigkeit 10 Minuten einkochen lassen. Den Bräter mit einem Deckel verschließen, und die Poularde auf der 2. Einschubleiste von unten in dem auf 220 Grad vorgeheizten Backofen 30–40 Minuten schmoren, bis das Fleisch weich ist (Gas 4, Umluft 200 Grad).

**3.** Die Champignons putzen und vierteln. Champignons zu dem Geflügel geben und alles weitere 10 Minuten im offenen Bräter garen.

**4.** Den Bräter aus dem Ofen nehmen und die Butter dazugeben. Petersilie und Majoran unterrühren. Dazu passen breite Bandnudeln mit gehackter Petersilie.

**Zubereitungszeit: 1 1/2 Stunden
Pro Portion 49 g E, 64 g F,
7 g KH = 818 kcal (3425 kJ)**

**POULARDE MIT GEMÜSERAGOUT
Im Bräter mit Rotwein sanft geschmort: zerteilte Poularde, Möhren, Sellerie und Pilze**

*Michail Gorbatschow auf Deutschlandbesuch: Nach harter politischer Arbeit war diese feine Fischterrine der verdiente Lohn für den Gaumen*

## Terrine vom Lachs und Zander

Für 6–8 Portionen:
350 g Lachsfilet
(ohne Haut und Gräten)
250 ml eiskalte Schlagsahne
3–4 El Zitronensaft
3 El trockener Wermut
(z. B. Noilly Prat)
Salz, Cayennepfeffer
150 g frischer Blattspinat
200 g Zanderfilet
1 El Dill (gehackt)

**1.** Das Lachsfilet in grobe Würfel schneiden und etwa 1 Stunde in das Gefrierfach legen.

**2.** Die angefrorenen Fischstücke mit der Sahne in der Moulinette oder in einer Küchenmaschine mit Messer portionsweise zu einer glatten Masse pürieren. Die Fischfarce mit Zitronensaft, Wermut, Salz und Cayennepfeffer abschmecken. Dann durch ein feines Sieb streichen und kalt stellen.

**3.** Den Spinat verlesen und gründlich waschen. In kochendem Salzwasser kurz blanchieren, in Eiswasser abschrecken, auf ein Geschirrtuch legen und trockentupfen. Die Blätter als Quadrat (18 x 18 cm) auf einem Küchenbrett ausbreiten und mit 1/4 der Lachsfarce bestreichen. Das Zanderfilet darauflegen und vorsichtig in den Spinat einrollen.

**4.** Den Ofen auf 140 Grad (Gas 1, Umluft nicht empfehlenswert) vorheizen. Eine Terrinenform (26 cm lang, 9 cm breit, ca. 1 l Inhalt) mit Klarsichtfolie auslegen. Die Hälfte der verbliebenen Farce in die Form füllen. Die Ränder etwas hochstreichen, so daß ein keilförmiger Einschnitt entsteht. Die Spinatrolle in den Einschnitt legen und mit der restlichen Farce bestreichen. Die Form mit einem Deckel fest verschließen und in die mit warmem Wasser gefüllte Saftpfanne des Ofens stellen. Die Terrine auf der 2. Einschubleiste von unten 35–40 Minuten garen.

**5.** Die Terrine in der Form auskühlen lassen (das dauert ca. 6 Stunden).

**6.** Dann vorsichtig mit Hilfe der Folie aus der Form nehmen. Die Folie abziehen, die Fischterrine in Scheiben schneiden, mit den Blattsalaten (siehe folgendes Rezept) servieren.

**Zubereitungszeit: 1 3/4 Stunden (plus Gefrier- und Kühlzeit)
Pro Portion (bei 8 Portionen)
20 g E, 22 g F, 3 g KH =
293 kcal (1226 kJ)**

## Blattsalate mit Dillvinaigrette

Für 6–8 Portionen:
200 g gemischte Blattsalate
(z. B. Radicchio,
Lollo rosso, Eichblatt,
Kopfsalat, Friséesalat)
60 g Schalotten
70 ml Olivenöl
50 ml Geflügelfond
Salz
30 ml Weißweinessig
1/2 Tl Zucker
schwarzer Pfeffer
1 El Dill (fein gehackt)

**1.** Die Blattsalate putzen, waschen, trockenschleudern und mischen.

**2.** Die Schalotten pellen und sehr fein würfeln. 1 El Olivenöl in einer Pfanne erhitzen, die Schalotten darin ohne Farbe anschwitzen, mit dem Geflügelfond ablöschen und in eine Schüssel geben. Etwas Salz und den Essig dazugeben und die Vinaigrette mit Zucker und Pfeffer würzen. Die Vinaigrette so lange rühren, bis sich Salz und Zucker aufgelöst haben.

**3.** Das restliche Öl mit einem Schneebesen unter die Vinaigrette rühren, bis eine homogene, leicht sämige Konsistenz entsteht. Zuletzt den Dill unterrühren.

**4.** Den Salat mit der Vinaigrette zur Fischterrine servieren.

**Zubereitungszeit: 30 Minuten
Pro Portion (bei 8 Portionen)
0 g E, 9 g F, 1 g KH =
84 kcal (353 kJ)**

**TERRINE VOM LACHS UND ZANDER**
*Mit Spinat umwickelter Zander wird in die Lachsfarce gelegt und im Backofen gegart*

*Doris Schröder-Köpf weiß Johann Lafers Kochkunst zu schätzen. Beim Damenprogramm des G-8-Gipfels in Bacharach überraschte er sie mit dieser Kreation*

# Kalbsfilet mit Madeirasauce

**Für 4 Portionen:**

**Sauce**
5 El Öl
1 kg Kalbsknochen (vom Metzger in walnußgroße Stücke hacken lassen)
50 g Schalotten (gewürfelt)
50 g Möhren (gewürfelt)
50 g Knollensellerie (gewürfelt)
50 g Porree (gewürfelt)
4 Zweige Thymian
2 Zweige Rosmarin
1 Tl weiße Pfefferkörner
1 Lorbeerblatt
1,5 l Kalbsfond
10 g Butter
100 g Schalotten (in feine Streifen geschnitten)
1/4 l Madeira
1 Tl Speisestärke

**Kalbsfilet**
30 g frische Weißbrotbrösel
3 El Kerbelblättchen (gehackt)
30 g Butterschmalz
700–800 g Kalbsfilet (am Stück)
Salz, Pfeffer
10 g mittelscharfer Senf

**1.** Für die Sauce das Öl in einem Bräter erhitzen. Die Kalbsknochen darin dunkelbraun anrösten. Gemüsewürfel dazugeben und kurz mitrösten. Thymian, Rosmarin, Pfefferkörner und Lorbeerblatt dazugeben und mit dem Kalbsfond auffüllen. Etwa 2 Stunden bei mittlerer Hitze leise kochen lassen. Den Fond zwischendurch abschäumen und entfetten.

**2.** Für das Filet Brösel und Kerbel mischen. Das Butterschmalz in einer Pfanne erhitzen. Das Fleisch von allen Seiten mit Salz und Pfeffer würzen und in dem heißen Butterschmalz rundherum anbraten. Dann im vorgeheizten Backofen auf der 2. Einschubleiste von unten bei 200 Grad 10–12 Minuten garen (Gas 3, Umluft 180 Grad).

**3.** Den Fond durch ein Passiertuch gießen und auf 1/3 einkochen lassen. Die Butter erhitzen und die Schalottenstreifen darin glasig dünsten. Mit Madeira und dem reduzierten Fond auffüllen und ca. 10 Minuten bei starker Hitze einkochen lassen. Falls nötig, mit etwas Speisestärke binden. Die Sauce bis zum Servieren warm halten.

**4.** Das Fleisch aus dem Backofen nehmen und ca. 3 Minuten ruhen lassen. Dann auf ein Backblech setzen (den Bratensaft aus der Pfanne eventuell zur Sauce geben) und die Oberseite mit Senf bestreichen. Die Bröselmischung darauf verteilen und fest andrücken. Das Filet unter dem Grill ca. 2 Minuten überbacken, bis eine goldbraune Kruste entsteht.

**5.** Das Fleisch noch 1 Minute ruhen lassen. Dann in Scheiben schneiden und mit der Madeirasauce servieren. Dazu passen Spargel mit Sauce Hollandaise (siehe folgendes Rezept) und neue Kartoffeln.

**Zubereitungszeit: 45 Minuten (plus Kochzeit für den Fond)**
**Pro Portion 38 g E, 28 g F, 10 g KH = 454 kcal (1907 kJ)**

**KALBSFILET MIT KERBELKRUSTE**
*Wunderbares Sommeressen: Spargel und neue Kartoffeln zum gebratenen Kalbsfilet*

# Spargel mit Sauce Hollandaise

**Für 4 Portionen:**
230 g Butter
100 g Schalotten (in feine Streifen geschnitten)
200 ml Weißwein
2 Lorbeerblätter
1/2 Tl weiße Pfefferkörner
1 Tl Salz
1 Tl Zucker
Saft von 1 Zitrone
2 kg weißer Spargel
4 Eigelb (Kl. L)
Salz, Pfeffer

**1.** 30 g Butter in einem Topf erhitzen. Die Schalottenstreifen darin ohne Farbe andünsten und mit dem Weißwein auffüllen. Lorbeerblätter und Pfefferkörner dazugeben und etwa 5 Minuten einkochen lassen. Von der Kochstelle nehmen und abkühlen lassen. Dann durch ein Sieb gießen.

**2.** Reichlich Wasser mit Salz, Zucker, 50 g Butter und Zitronensaft (etwas zum Abschmecken übriglassen) zum Kochen bringen.

**3.** Den Spargel schälen und die Enden großzügig abschneiden. Den Spargel portionsweise mit Küchengarn zusammenbinden, in das kochende Wasser geben und zugedeckt 12–15 Minuten garen.

**4.** Eigelb mit dem reduzierten Weißwein über einem heißem Wasserbad cremig aufschlagen. Die Schüssel vom Wasserbad nehmen und weiterschlagen, bis die Sauce dicklich-cremig ist. Die restliche Butter schmelzen und in dünnem Strahl unter Rühren dazugeben. Mit restlichem Zitronensaft, Salz und Pfeffer abschmecken. Spargel und Sauce Hollandaise zum Kalbsfilet servieren.

**Zubereitungszeit: 1 Stunde**
**Pro Portion 11 g E, 46 g F, 8 g KH = 494 kcal (2079 kJ)**

*Der russische Politiker Jewgenij Primakow liebt die Küche seiner Heimat.
Also servierte ihm Johann Lafer diese köstliche Rote-Bete-Suppe mit Blätterteigtaschen*

## Rote-Bete-Suppe

Für 4 Portionen:
500 g Rote Bete
20 g Butter
50 g Zwiebeln
(fein gewürfelt)
2 Knoblauchzehen
(fein gehackt)
50 ml roter Portwein
1 l Kalbsfond
300 g Kartoffeln
Salz, Pfeffer, Kümmel
3 El Weißweinessig
200 ml Schlagsahne
200 ml Rote-Bete-Saft

**1.** Rote Bete putzen, schälen und in Würfel schneiden.

**2.** Die Butter in einem Topf erhitzen. Zwiebelwürfel und Knoblauch darin ohne Farbe anschwitzen. Die Rote Bete dazugeben und kurz anschwitzen. Mit dem Portwein ablöschen und mit dem Fond auffüllen. Die Kartoffeln schälen und grob würfeln, dazugeben, mit Salz Pfeffer, Kümmel und Essig würzen, und das Gemüse in 20–25 Minuten weich kochen.

**3.** Die Schlagsahne dazugeben und ca. 10 Minuten einkochen lassen. Die Suppe mit dem Schneidstab pürieren. Zum Schluß den Rote-Bete-Saft dazugeben und eventuell nochmals mit Salz und Pfeffer abschmecken. Mit den Piroschkis (siehe folgendes Rezept) und eventuell etwas Crème fraîche servieren.

**Zubereitungszeit:**
**1 Stunde, 10 Minuten**
**Pro Portion** 6 g E, 20 g F,
25 g KH = 307 kcal (1286 kJ)

## Piroschkis

Für 16 Stück:
30 g Butter
60 g Schalotten (gewürfelt)
1 Knoblauchzehe (gewürfelt)
200 g Rinderhackfleisch
1 Tl Thymianblättchen
(fein gehackt)
1/2 Tl Rosmarinnadeln
(fein gehackt)
1 Tl Petersilienblättchen
(fein gehackt)
140 ml Rinderfond
Salz, Pfeffer
300 g Blätterteig (TK)
1 Eigelb (Kl. L )

**ROTE-BETE-SUPPE**
**Sie wird mit rotem Portwein, Schlagsahne und Essig gewürzt und mit den heißen Mini-Piroggen serviert**

**1.** Die Butter in einer Pfanne erhitzen und die Schalotten- und Knoblauchwürfel darin andünsten. Das Hackfleisch dazugeben und kräftig anbraten. Thymian, Rosmarin und Petersilie dazugeben und ebenfalls andünsten. Mit dem Rinderfond ablöschen und so lange einkochen, bis die Flüssigkeit völlig reduziert ist. Mit Salz und Pfeffer abschmecken und die Masse erkalten lassen.

**2.** Den Blätterteig auftauen, dünn ausrollen und 16 Kreise von 8 cm Ø ausstechen. Die Kreise mit dem verquirlten Eigelb bepinseln. Die Hackfleischmasse gleichmäßig auf die Kreise verteilen. Jeden Kreis zusammenklappen, so daß ein Halbmond entsteht. Die Ränder mit einer Gabel festdrücken. Die Halbmonde mit Eigelb bestreichen und auf ein mit Backpapier belegtes Backblech legen. Im vorgeheiztem Backofen auf der 2. Einschubleiste von unten bei 200 Grad 15 Minuten backen (Gas 3, Umluft 180 Grad). Die Piroschkis zur Rote-Bete-Suppe servieren.

**Zubereitungszeit:** **45 Minuten (plus Zeit zum Auskühlen)**
**Pro Stück** 4 g E, 7 g F,
5 g KH = 93 kcal (390 kJ)

# Register

**Hier finden Sie die
Rezepte alphabetisch geordnet**

## A

Amaretto-Sabayon **141**
Apfel-Leberwurst-Maultaschen **145**
Artischockensalat **93**
Asia-Scampi **33**

## B

Balsamicolinsen **145**
Bayerische Creme **103**
Beeren-Quark-Torte mit Sektgelee **25**
Birnen-Orangen-Kompott **105**
Blätterteigschnitten mit
  Erdbeeren und Vanillecreme **147**
Blattsalate mit Dillvinaigrette **151**
Bratapfelsauce **105**
Bratfisch mit Kartoffelsalat **19**
Bratkartoffeln mit Kürbiskernen und
  getrockneten Tomaten **49**
Bratkartoffeln mit Spiegeleiern **47**
Bratwursttorte **101**
Brezelkren **133**
Brösel (für Quarktaschen und Quarkknödel) **89**

## C

Curryhuhn, Johann Lafers **109**
Curryschnitzel mit Tomatenchutney **17**

## E

Eistorte mit Himbeeren **141**
Erbsenschaumsuppe mit
  Schweinshaxenpralinen **61**
Erbsensuppe von gelben Erbsen **59**

## F

Fleischeintopf **123**
Frikadellen **83**
Frühlingsgemüsebrühe **33**

## G

Garnelenbuletten **33**
Gebrannte Vanillecreme mit
  marinierten Erdbeeren **51**
Gebratener Seeteufel mit Bärlauchravioli **139**
Geflügelbuletten **73**
Gefüllte Lammkeule **97**
Gefüllte Mandelpfannkuchen mit
  Schokobirnen **53**
Gefüllte Kalbsbrustspitze **117**
Gefüllter Kaninchenrücken **37**
Gefüllte Tomaten **117**
Gelackte Schweineschulter **57**
Gemüseeintopf mit Hackbällchen und
  Garnelen **125**
Gemüsepfanne mit Kalbsfrikadellen **85**
Geschmorte Kalbsbäckchen **63**
Geschmorte Kalbsröllchen mit
  Tomatenragout **137**
Geschmortes Kaninchen **35**
Gestampfte Kräuterkartoffeln **121**
Grießknödel **97**
Gurkenspaghetti **73**

# H

Hühnerfrikassee **45**
Hühnersuppe **43**
Hunsrücker Poularde **149**

# J

Joghurteis **147**
Johann Lafers Curryhuhn **109**

# K

Käsekuchen **87**
Kalbsbäckchen, geschmorte **63**
Kalbsbrustspitze, gefüllte **117**
Kalbsfilet mit Madeirasauce **153**
Kalbsnieren in Senfrahmsauce **115**
Kalbsröllchen, geschmorte, mit
  Tomatenragout **137**
Kalbsschwanz-Soufflé **65**
Kaninchen, geschmortes **35**
Kaninchenfond **37**
Kaninchenragout **37**
Kaninchenrücken, gefüllter **37**
Kartoffelschmarren **45**
Kartoffeltaler **109**
Kerbelnudeln **137**
Knoblauchhuhn **107**
Königsberger Klopse **71**
Kräuterkartoffeln, gestampfte **121**
Kürbiskernkartoffeln **65**
Kumquat-Kompott **73**

# L

Lachsschnitte, mit Gemüse gefüllte **121**
Lammkeule, gefüllte **97**
Lammragout mit Polentanocken **129**
Lammrücken mit Kräuterkruste **127**
Lammrückenpastete im Wirsingmantel **49**
Lebkuchen-Punsch-Creme, marmorierte **105**

# M

Mandelauflauf mit Vanillesabayon **81**
Mandelpfannkuchen, gefüllte, mit
  Schokobirnen **53**
Marmorierte Lebkuchen-Punsch-Creme **105**
Mit Gemüse gefüllte Lachsschnitte **121**
Mokkasabayon, weißer **89**

# P

Piccata von der Pute **93**
Pilzmaultaschen auf Kohlrabischaum **77**
Piroschkis **155**
Pot au feu von Flußkrebsen **143**
Poularde, Hunsrücker **149**
Powidlkartoffeln **57**
Putengeschnetzeltes **91**

# Q

Quarkkeulchen **23**
Quarkknödel mit kandierten Früchten **89**
Quarktaschen mit Mohnfüllung **89**

# R

Räucherfisch-Maultaschen mit Wermut-Sabayon **21**
Rehrouladen mit Preiselbeerfüllung **113**
Rehrückenfilets mit Rotweinsauce **111**
Reibekuchen mit Räucherlachs **119**
Rettichsalat **101**
Riesling-Schnitzel **13**
Roastbeef-Roulade mit Morchelsauce **29**
Rote-Bete-Suppe **155**
Rotkohlknödel **113**
Rouladen mit Pilzfüllung **27**

# S

Sauerkraut **99**
Sauerkrautpizza mit Schweinshaxe **69**
Sauce für Königsberger Klopse **71**
Scampi mit Mangospalten **31**
Seeteufel, gebratener, mit Bärlauchravioli **139**
Semmelauflauf **79**
Spaghetti mit Steinpilzen **75**
Spargel mit Sauce Hollandaise **153**
Spargelsalat à la Schmidt **99**
Szegediner Gulasch **66**

# Sch

Scheiterhaufen **39**
Schnitzel, überbackene **15**
Schokoladensoufflé, weißes, mit Erdbeeren in Orangen-Karamel **41**
Schweinebraten **55**
Schweinebuletten **73**
Schweineschulter, gelackte **57**

# T

Terrine vom Lachs und Zander **151**
Tomaten, gefüllte **117**

# U

Überbackene Schnitzel **15**

# V

Vanillecreme, gebrannte, mit marinierten Erdbeeren **51**

# W

Weißbiersabayon **133**
Weißer Mokkasabayon **89**
Weißes Schokoladen-Soufflé mit Erdbeeren in Orangen-Karamel **41**
Wiener Schnitzel **11**
Wildfond **113**
Wildschweinkeule mit Ingwer-Honig-Sauce **95**
Wirsingrouladen **131**
Wirsingrouladen mit Weißbiersabayon und Brezelkren **133**

**SZEGEDINER GULASCH**

**Hier finden Sie die
Rezepte nach der Menüfolge geordnet**

# Vorspeisen

Asia-Scampi **33**
Erbsensuppe von gelben Erbsen **59**
Frühlingsgemüsebrühe **33**
Hühnersuppe **43**
Lammrückenpastete im
  Wirsingmantel (ohne Bratkartoffeln) **49**
Reibekuchen mit Räucherlachs **119**
Rote-Bete-Suppe **155**
Sauerkrautpizza mit Schweinshaxe **69**
Scampi mit Mangospalten **31**
Spaghetti mit Steinpilzen **75**
Terrine vom Lachs und Zander **151**

# Hauptgerichte

Apfel-Leberwurst-Maultaschen **145**
Bratfisch mit Kartoffelsalat **19**
Bratkartoffeln mit Spiegeleiern **47**
Bratwursttorte **101**
Curryschnitzel mit Tomatenchutney **17**
Erbsenschaumsuppe mit
  Schweinshaxenpralinen **61**
Fleischeintopf **123**
Frikadellen **83**
Garnelenbuletten **33**
Gebratener Seeteufel mit Bärlauchravioli **139**
Geflügelbuletten **73**
Gefüllte Lammkeule **97**
Gefüllte Kalbsbrustspitze **117**
Gefüllter Kaninchenrücken **37**
Gelackte Schweineschulter **57**
Gemüseeintopf mit Hackbällchen und
  Garnelen **125**
Gemüsepfanne mit Kalbsfrikadellen **85**

Geschmorte Kalbsbäckchen **63**
Geschmorte Kalbsröllchen mit
  Tomatenragout **137**
Geschmortes Kaninchen **35**
Hühnerfrikassee **45**
Hunsrücker Poularde **149**
Johann Lafers Curryhuhn **109**
Kalbsfilet mit Madeirasauce **153**
Kalbsnieren in Senfrahmsauce **115**
Kalbsschwanz-Soufflé **65**
Kaninchenragout **37**
Knoblauchhuhn **107**
Königsberger Klopse **71**
Lachsschnitte mit Gemüse gefüllt **121**
Lammragout mit Polentanocken **129**
Lammrücken mit Kräuterkruste **127**
Piccata von der Pute **93**
Pilzmaultaschen auf Kohlrabischaum **77**
Pot au feu von Flußkrebsen **143**
Putengeschnetzeltes **91**
Räucherfischmaultaschen mit
  Wermut-Sabayon **21**
Rehrouladen mit Preiselbeerfüllung **113**
Rehrückenfilets mit Rotweinsauce **111**
Riesling-Schnitzel **13**
Roastbeef-Roulade mit Morchelsauce **29**
Rouladen mit Pilzfüllung **27**
Szegediner Gulasch **66**
Schweinebraten **55**
Schweinebuletten **73**
Überbackene Schnitzel **15**
Wiener Schnitzel **11**
Wildschweinkeule mit Ingwer-Honig-Sauce **95**
Wirsingrouladen **131**
Wirsingrouladen mit Weißbiersabayon und
  Brezelkren **133**

## Beilagen

Artischockensalat **93**
Balsamicolinsen **145**
Blattsalate mit Dillvinaigrette **151**
Bratapfelsauce **105**
Bratkartoffeln mit Kürbiskernen und getrockneten Tomaten **49**
Brezelkren **133**
Gefüllte Tomaten **117**
Gestampfte Kräuterkartoffeln **121**
Grießknödel **97**
Gurkenspaghetti **73**
Kartoffelschmarren **45**
Kartoffeltaler **109**
Kerbelnudeln **137**
Kürbiskernkartoffeln **65**
Kumquat-Kompott **73**
Piroschkis **155**
Powidlkartoffeln **57**
Rettichsalat **101**
Rotkohlknödel **113**
Sauerkraut **99**
Spargel mit Sauce Hollandaise **153**
Spargelsalat à la Schmidt **99**
Weißbiersabayon **133**

## Desserts, Gebäck und süße Hauptgerichte

Amaretto-Sabayon **141**
Bayerische Creme **103**
Beeren-Quark-Torte mit Sektgelee **25**
Birnen-Orangen-Kompott **105**
Blätterteigschnitten mit Erdbeeren und Vanillecreme **147**
Eistorte mit Himbeeren **141**
Gebrannte Vanillecreme mit marinierten Erdbeeren **51**
Gefüllte Mandelpfannkuchen mit Schokobirnen **53**
Joghurteis **147**
Käsekuchen **87**
Mandelauflauf mit Vanillesabayon **81**
Marmorierte Lebkuchen-Punsch-Creme **105**
Quarkkeulchen **23**
Quarkknödel mit kandierten Früchten **89**
Quarktaschen mit Mohnfüllung **89**
Scheiterhaufen **39**
Semmelauflauf **79**
Weißer Mokkasabayon **89**
Weißes Schokoladen-Soufflé mit Erdbeeren in Orangen-Karamel **41**

**SEMMELAUFLAUF**